預約人生下半場

高安妮　採訪撰文
財團法人臺灣更生保護會　著

目錄

推薦序
爲人生下半場找到正確方向

王添盛

「知過能改，善莫大焉。」這句話大家耳熟能詳，在我們人生的道路上，犯錯是在所難免的，有些人因為某些因素路走偏了、走岔了，犯過錯也在監獄中受到應有的懲治與處罰，所以當他們走出監牢，重新開啟人生新頁，我們該給這些犯過錯的人加油打氣，讓他們有機會再出發、重新站起來。

只要願意下定決心真心改過，我們就不該吝於給他們改過自新的機會，去包容、接納並給他們一個公平就業的平臺，讓他們能再融入這個社會。

殊不知，更生人的重生需要多麼大的勇氣和毅力，唯有社會大眾的接納與支持，才能真正推他們一把，讓他們能踏上成功的更生之路。所以，如果能給他們一份穩定的工作，能給他們多一點關懷的鼓勵，都將讓他們改過向上的決心更加堅定，讓他們對未來可以懷抱希望。

這本書是七個更生人改過向上的真實故事，他們有的選擇創業、有的重尋人生目標，他們曾犯下不可原諒的罪行，蹲了多年苦牢，也付出代價，然而在踏出監牢大門後，透過親情的召喚、自省的力量與社會的協助，展開了一段截然不同的人生新旅程。他們從零開始，歷經徬徨、躊躇與期待，其中也有著無數的無奈、無助、波折與困難，然而他們還是很認真且一步一腳印地走過來了，他們用努力證明了只要有決心、有毅力，世上沒有不可能的事，他們真的做到了，最終也找到對自我人生的肯定，這樣的努力，值得喝采。

讀完這本書，我內心感觸良多，亦被書中這幾位更生人的決心與毅力所深深感動。我想分享給讀者這份感動，也想請讀者去看看他們是如何克服萬難重新出發，如何自我省思，如何為人生下半場找到正確方向。

這些曲折起伏的人生故事，足以給我們帶來啟發：當一個人願意從一無所有開始努力起，他的人生就充滿了各種可能性。在此，我要鼓勵更生人，只要你有改變的意圖，願意勇敢面對未來，我相信命運必定會為你開啟另一條康莊大道，試著去挑戰自己、挑戰人生，你的人生將會有所不同。

我也想呼籲社會大眾，對待你我周遭的更生人時要多存一份「關懷心」和「同理心」，因為你的一念之間有可能改變他們的人生。

這是一本能激勵人心的書，不僅是對更生人，而是對所有願意重新開始的人。

編按：本文作者為財團法人臺灣更生保護會董事長

找回相信自己的力量：

街友變導覽員的意外人生

從更生人、街友搖身一變成爲萬華地區的街遊導覽員，看看阿強起伏飄蕩的絕望人生，因著社會的愛與關懷，重新找回相信自己的力量，自力更生，融入社會。

嗨！給自己：

人生的路我已經走了三分之二，從現在到未來的時間，我想要做的只有「贖罪」。

以前的我，浪費掉那麼多的社會資源，卻從未想過改變，是社會的垃圾。但是，現在的我不一樣了，是有用的人，這條路走得好辛苦，這個機會得來不易，因為有這麼多人願意站出來幫我，我才能夠站起來，這些人不在意我的過去，只關心我可以怎樣過得好，這讓我很感動。

有恩報恩，現在我就是用行動來報恩，我能做的，是活得很好、更充實，並對社會有點貢獻來作為報答。

我想對臺灣更生保護會和社會局的社工、社區大學的老師們，和所有關懷我的人說聲謝謝，當然還有許多是我不認得的人，他們默默用行動表達對我的關懷，這是我人生活到這把年紀最大的收穫。

如果人生可以重來，我希望能早一點悔悟，不必白白浪費那麼多的時間。對於未來，我真的不敢想太多，只希望能做一點回饋社會的事，做一點算一點；未來，我想竭盡所能，幫助需要幫助的人，因為取之社會也要用之社會，別人這樣對我，我要用一樣的方法去回報。

祝

一切都安好！

阿強

阿強的身分很特殊，未成年前是個街頭小混混；當兵時成為逃兵；成年後進化為流氓；在監獄前前後後關了二十三年，是個累犯；最後一次出獄，成為更生人後奮發向上化身為臺商；大家正以為阿強的人生新頁成功有望時，他卻一夕間破產，淪為街友，最後在他自暴自棄、自我放逐、窮途末路時，搖身一變又成為一個專業的街遊導覽員。

阿強起伏波折的人生比八點檔的連續劇還要戲劇化，外人看起來不可思議，他笑笑帶著些許靦腆不好意思地說：「別人的性命是鑲金又包銀，我的性命很不值錢，人家都說回憶是甜蜜的，但是我的回憶卻是『往事不堪回首』，那是一段活生生『七逃人的滄桑史』。」

阿強說過去對社會或家人造成的傷害已無法彌補，也回不去了，所以，現在的他，要努力「贖罪」，不再浪費社會的資源，希望以後能對社會有一點點貢獻，這樣便心滿意足了。

聊起那段不堪回首的往事，阿強深深地呼吸了一下，接著說：「我的人生，跟你們一般正常人的人生實在差太多了，所以我想那是你們很難去理解和想像的。我在青少年時，體力旺盛，喜歡打籃球、運動，成天往外跑。叛逆期的我和家裡處得不是很好，因為年輕氣盛，體力無處發洩，於是就到處打架滋事，學會靠拳頭處理事情，加上我的個性特別叛逆，父母兄長根本管不動我，所以到後來他們也不願意再管我了。到了高二，我變本加厲，開始混跡彈子房，接觸到地方角頭幫派，於是便開始過著圍事、逞凶鬥狠的『黑道』人生。」

牢獄人生，揮之不去的夢魘

以現代人的說法，阿強認為自己有嚴重的「反社會人格」，看什麼都不順眼，完全不願服從管教，但同時又抗拒不了誘惑，沒有罪惡感和同理心。因為這樣，在當兵時他吃足苦頭，最後因為受不了軍旅的嚴厲管教而選擇脫逃，以致後來犯法入獄也同時接受軍法處置，但是阿強還是一樣沒有辦法忍受監牢之苦而又選擇逃獄。之後三十年，阿強以殺人未遂、非法持有槍械、一清掃黑專案等不同的案件，陸續進出監獄多次。出來又關、關了又逃、逃了又犯案，然後再度被抓，刑期加重又加重，甚至一度被「八號分機」通緝，同樣的戲碼輪番上演，就像是不會結痂的膿瘡，無法癒合，令他痛苦，更令他的家人痛苦萬分，無法終止。

一場揮之不去的夢魘緊緊纏繞著阿強的人生。

「我自己的人生上半場，混黑道約三、四十年，而光是在監獄就度過了整整二十三個年頭，換作是任何人都不會想再原諒我。」但年輕時不成熟的他做什麼事都抱著無所謂的心態，他認為反正自己爛命一條，家人不諒解、親友不同情、朋友全背叛，都無所謂啦，反正這世上也沒什麼值得珍惜的事情，也沒有人會關心他、需要他，所以即使出獄後，他總是沒多久又被抓進去。

在獄中阿強唯一偶爾會想念的是他的母親，母親以前就經常告誡他：「歹路不可行，你不改會後悔一輩子的。」「我有六個兒子，也不差你一個。」雖然這樣說，但他知道母親是唯一會關心他的人，只是他一次又一次地讓她失望、沒面子。一直以來對他不放棄的也只有母親，母親的影像是照亮牢獄悲慘世界的光，是他可以稍微停靠的港灣。

「在監獄中，最可怕的不在於過得多苦、住得多差、吃得多糟、管教得有多不合情理、有多少黑暗面，而是它能快速摧毀一個人的信心，搞得人不想活下去，人被關瘋是常見的事。」阿強說他被關到對活著這件事早沒有了感覺。

年復一年、日復一日的牢獄生活，會消磨掉一個人的生存勇氣，讓人充滿負面情緒。特別是有兩年他就一個人待在黑暗的獨居囚房，只有小窗戶送進來的車輪飯，沒有人跟你對話，完全被孤立，只有孤獨和恐懼，非常難熬，生不如死，精神幾近崩潰。

谷底翻身，出獄再出發

阿強最後一次出獄是在民國九十年，這一年他已經五十二歲了，人生中最美好的青春已經不復返，他也已經從青壯年變成一個中年大叔。他踏出監獄大門時感慨萬千，因為一個人能有幾個二十三年可以揮霍，他突然想透了，為何不給自己一次機會？他不想再回到監獄這種鬼地方，更不願意在監獄終老到死，他認為要死也要死在呼吸得到自由空氣的地方。阿強反覆想著自己這一生的遭遇，一切都是自己造成的，如果能早一點成熟，早一點會想，又何必白白浪費這二十幾年的美好青春在無情的監獄中。

阿強想著回頭應該還來得及，他想趁還有餘力之時，給自己一次機會，「試一次吧，就算是為了自己的老母親也好。」

這一次，阿強想要奮力一搏，浮出水面，呼吸監獄外面自由自在的空氣，看看如果他願意重新開始，老天爺會賞給他什麼樣的命運。他想到年邁母親殷殷盼望他回頭的眼神，前半輩子從不曉得孝順兩個字該怎麼寫的他，實在不忍心看著老母親再為他頻頻掉淚，他想扮演好兒子的角色，一次也好。

那是阿強人生的轉折點，遠離社會幾十年的他決定要重新出發，給自己一次機會。之後，因為有人還他人情債，他得到一些資金，便開始做起中國、臺灣兩邊的飾品生意，開始一、兩年做得還不錯，他甚至在上海的商場擁有自己的小店面，也娶了中國太太，一年往返中國與臺灣幾十趟。原以為他的人生要走大運，老天爺這一次終於眷顧到他，再過幾年或許就可以衣錦還鄉，沒想到，在一次他和太太回臺灣的期間，店鋪所有一夕被妻舅給捲走，上千萬的首飾家產就這樣憑空消失，他的人生瞬間又變回灰色。

這次的親人背叛讓他傷得很重，辛苦賺來的錢都沒了，從此阿強不再相信別人，也不想信了，他對老天很失望，他在心中埋怨：不是要給我重生的機會嗎？這麼認真打拚，換來的卻是被親人背叛的殘酷事實，他咒罵著：這個人吃人的可怕世界，根本沒比監獄中高尚多少，他自責、抱怨，但更多的是忿忿不平。

是這個世界再度拋棄了他、遠離了他，讓阿強無處可去，百般無奈下，只好回到臺灣，這一次，他徹底放棄了！他自然沒臉再回去看年邁老母親，因為他知道自己將會變成街頭巷尾議論紛紛的笑柄。

殘酷的命運本身就是一個苦刑，即使沒坐監也很難熬。

曾經有幾次阿強想著：不如就包袱收一收，回去混黑社會算了，畢竟那條路最熟悉，回去或許還有機會，但是他又很害怕，下一個二十三年如果又回去蹲苦牢，該怎麼辦？他百般掙扎，也曾想要豁出去，但是內心中微微有個聲音提醒著阿強：「不可以，你好不容易才走出監獄。就算餓死了，去當乞丐，也不可以再走江湖那條不歸路。混黑道的下場，不是被砍死就是被關死，二十三年的代價還不夠嗎？」

阿強想起有一首臺灣歌《歹路不可行》，歌詞是這樣寫：歹路不可行，不可做歹子，父母疼咱那生命，不可給伊心疼痛……為著前途愛打拚，苦口良言著愛聽，歹路千萬不可行，父母辛苦來飼子，希望子兒做好子，黑暗江湖拚生命，真是給人心疼痛，回頭是岸向前行，不可擱再做歹子……

而另一首阿強常想起的歌，更是他人生的最佳寫照，歌名是《七逃人的目屎》。這些歌常常出現阿強的腦海，以前父母總是苦口婆心地勸他，但是阿強卻充耳不聞，如果有機會回到從前，何必要浪費那麼多時間去走黑暗江湖這條路。

他很想拿一個大垃圾袋把所有不好的回憶，統統裝進去，拿去丟掉。回到臺灣，身邊僅存的一點錢用光後，阿強就付不出房租，也沒錢吃飯，走在人來人往的臺北車站，他根本不知要往哪兒去？阿強很想問問老天，為何給他希望又讓他失望，在指引他一條明路後又把他逼到絕境。

命運這麼殘酷，過往的一切如煙似夢，阿強想把所有一切不好的回憶化為灰燼，永遠不要再想起。他走在人行天橋上，想著年少輕狂時的自己、混黑道時的自己、關在暗無天日監獄中的自己，在上海重生後努力打拚的自己……然而此刻，頭上頂著的是沉甸甸的烏雲。

「對吧，總是欠佳的天氣、欠佳的運氣，或許一切都是命中注定，這就是我歹命的一生吧。」阿強老是自怨自艾。

接下來，阿強有一餐沒一餐，常借酒澆愁，帶著酒意四處遊蕩街頭。這世界早就無他容身之處，那就這樣放逐自己，麻痺地過完人生吧！他想著以前那麼多年在地獄的滋味都嘗盡了，人生還有什麼好害怕的？有幾次他都想著，過著行屍走肉的日子，沒尊嚴地活著，何嘗不是一座無牆的監獄，不如無聲無息地消失在黑暗中算了，反正在這世上不差他一個，少了他或許會更好，但是這時內心有個不平的聲音出現：「不如就跟那條爛命拚到底吧，我倒想看看我的命運還會有多悲慘。」

原本有機會從谷底翻身的阿強，兜了個圈，最後還是徒然。事情往往這樣，期望越大就會失望越大，原本他還想要衣錦榮歸，讓母親在鄉里間有點面子，讓別人知道她的不孝兒現在成材了，沒想到，境遇比以前關監獄時好不到哪兒去，到最後他甚至淪為無處可歸的街友，如果鄉下的母親知道他那時的狀況，不知道又要掉下多少眼淚。

命運摧殘，落難當街友

阿強變成街友，流落在臺北車站附近，那邊同樣聚集了一些無家可歸的街友。阿強說，那時的他真的不知道有何處可去，只好流浪街頭，他自暴自棄，對人生早就失望透頂，「我那時覺得自己一無是處，是個廢物，應該會在街頭終老到死！那或許是自己的宿命，以前年輕不做好事，老來承擔過錯。」

黑暗人生只剩失敗與挫折，阿強說他不敢往前看，也不想往後想，就這樣一天過一天。社會無處容身，沒人肯接納、相信他，阿強只剩下無止境的絕望……所以，就逃避吧，每天遊蕩過日子，反正人生本就沒希望。

阿強心中想著去當街友又怎樣，至少不偷不搶，只不過求在街頭有個安身之處，有個溫飽，又沒犯法。看著被流放到街頭的「天涯淪落人」，哪個人缺少可憐或不堪的過去，這些人被自己放棄、被家人放棄，也同樣被社會排擠放棄，如果有更好的去處，請問誰願意在這邊餐風宿露、挨餓受凍？對於他的這些同伴，阿強很能理解，所以大家也都相安無事，有時還會互相幫助。

「不過可憐之人，必有可恨之處。」就如同阿強本人一樣，他有時也不相信自己，他說：「對於街友，大家可以同情他、幫助他，但千萬不要太相信他們。」因為這就是社會與人性的殘酷面，這一點要先認清，因為之所以淪為街友，背後一定有原因。

在每個地方，每個階層都有弱肉強食、爭搶地盤的現象，也有互相欺騙利用的事情發生，混黑道時如此，在獄中如此，街友間更是如此，說實話，要生存下來並不容易。

就在民國九十六、九十七年間，阿強每天睡在臺北車站的停車場內，有一日阿強已鋪好紙箱要睡覺，突然看到前方不遠處，有三個正要停車的年輕人在驅趕女街友，因為這位女街友又髒又臭，精神也失常。年輕人又踢又罵，叫女街友滾一邊去，阿強實在看不過去，上前理論，這些年輕人的態度囂張跋扈，作勢要揍人，這時其他十幾個街友看到了，大夥兒圍過來，所以那三個年輕人夾著尾巴走了，但卻放話說：「你，你們都給我走著瞧。」

當天半夜，夜黑風高，睡夢中的阿強被一陣棍棒亂擊，他痛到不自主地彎起了身軀，全身不停抖動，幾度快昏厥過去，在生命垂危的情況下被緊急送往醫院急救。沒有健保卡的阿強原本被拒在門外，還好當時急診室醫生說了一句話：「這不快救，人就沒了。」醫生要求鐵路局警察快點去找社福單位，因為這樣阿強才得救。住了幾天加護病房，向來有恩報恩、有仇報仇的阿強出院時特別跑去跟醫師致謝，醫生卻說：「你別謝我啦，要謝就去謝謝幫你的萬華社會福利中心吧。」

隔日，阿強前往萬華社會福利中心，向幫他的張獻忠社工道謝，這是他第一次踏入社服機構，後來他才知道這兒是大家稱為「丐幫中心」的地方，為街友提供不少服務。他這才了解無依無靠的街友，並非全然孤立無援，有需要時其實還有這些社工人員的關懷與幫忙。

張獻忠社工看著阿強問，「你想不想要一份工作？至少可以養活自己沒問題。」阿強回答：「哪有什麼工作肯要我？如果我找得到，我又何必跑來這邊當街友。」

「有呀，社會局有些『以工代賑』的案子，我可以幫你申請看看，只要早上掃街兩小時，下午掃街兩小時，全勤還有全勤獎金。」社工看著阿強點頭說。

「哪會有這麼『好康』的事，我真的可以去申請嗎？我有那種資格嗎？」阿強覺得不太可能，打掃環境，有錢拿還有全勤獎金，聽起來很輕鬆。

就在社工的幫忙下，阿強從民國九十七年八月，開始了好幾年在萬華地區的「掃街人生」，他也在社福單位幫忙下租了個小房間。他每個月都有領到全勤獎金，扣掉每個月五千元的房租，是不會挨餓。

告別了流浪街頭，有了可以躲風避雨的小窩，雖然很簡陋，卻可以睡得很安心。

如家人般被溫暖對待

在掃街的同時期，除了萬華社會福利中心外，阿強也接觸到臺灣更生保護會臺北分會的工作人員。這些工作人員對他都很關心，逢年過節總會叫阿強過去拿物資，端午節吃粽子，中秋節領月餅，年節有小禮物，看到阿強租的窩家徒四壁，還幫他張羅二手電鍋、鍋碗瓢盆等日用品，並貼心地把電鍋料理的食譜都準備好，希望阿強學會自理三餐，這些點點滴滴，都讓阿強「揪感心」。

「這些人，有好心腸，也很用心，例如社福中心的張獻忠先生，臺灣更生保護會的陳佳琳小姐、劉宗慧小姐等等，還有很多人，他們是真心在關照我們這些流浪街友或更生人，不時噓寒問暖，有時也會適時提醒我們，要我們不能再走錯路，讓人感受到如家人般溫暖的對待，對於這些，我真的無以為報。」阿強早就沒有家人，在監獄中，除了母親外，兄弟姐妹都已劃清界線，離他遠遠的，老死不相往來。

其實社會地位或許有高低之分，但人格沒有貴賤之分，街友或是更生人的人格也應該被尊重。阿強在社福人員身上看到他們對弱勢族群的尊重，在他們面前，不會因為你是更生人或街友而看不起你，你也不用感到自卑。

阿強在監獄多年，兄長離棄，手足已斷了感情，不過因為這些社福人員的關心，讓他再度感受到家人的溫暖，支持著他努力掃街，颳風下雨都無阻。

民國一〇二年九月，阿強高齡九十七歲的母親過世，之前阿強回去探望過老母親幾回，母親老是跟阿強說：「你真的不用拿錢給我啦，錢留著你自己用就好。」母親希望阿強能自己好好過日子。

阿強本想申請喪葬補助，好和兄弟一起分擔費用，但因資格不符而遭退件。他想到臺灣人說的：「再不孝也要送父母上山頭。」那時正逢喪母之痛，連安排後事的錢他都出不起，心情真的非常低落。後來，還曾一度想著反正母親都不在了再去混幫派好了，當初是為了怕母親傷心才遠離黑社會，現在連申請補助都被故意刁難，他又動了回去混的念頭。

還好，臺灣更生保護會的陳佳琳小姐在旁邊規勸他：「強哥，你這樣就不對了，你母親在天上會看到啦。你這樣她會傷心，放不下心，難道你要讓母親在天上還要為你這兒子擔心、掉眼淚嗎？」

這些話，拉了阿強一把。

人生路上的意外驚喜

民國一〇二年八月，有一天，張獻忠社工找阿強去社福中心，很興奮地劈頭就問：

「強哥，有個社會大學的街友導覽培訓，我想推薦你去，你覺得怎麼樣？」他說那是一個「街遊HIDDEN TAIPEI」計畫，在歐洲也曾有這樣的計畫，而且辦得很成功。

「你就去上完課，通過實習和考試，就可以正式當導覽員，還有錢領。」張社工滿臉喜悅，越講越開心。

「有可能嗎？像我這樣的人哪有可能？你看我講話都不是很輪轉了，還要去當導覽哩，你是在開我玩笑嗎？」阿強帶著懷疑的語氣回答。

「強哥，你就相信我啦，你只要乖乖去上課就對了，我現在就幫你報名囉。記住，不許蹺課，要跟以前掃地一樣都全勤才可以。」

就這樣，二十幾個街友一同報名去上課，但是支持到最後的只有個位數，阿強成為全亞洲第一位通過培訓、考試、實習然後正式成為街遊導覽員的人。

阿強說，這真的是他人生旅途的「意外」驚喜，他從沒想過，但是他這次真的做到了。對讀書不多的他來說，是有點艱澀的課程考驗，他又要克服和一般群眾接觸的心理障礙，幾度快撐不下去，但是想著張社工對他有恩在先，答應他要全勤上課也算報恩，加上芒草心慈善協會的社工人員和老師，也在他意志消沉、想打退堂鼓時不斷激勵他，給他加油打氣，告訴他：「強哥，你一定要相信自己，你絕對可以做到，而且你可以做得比誰都強。大家都知道你叫強哥，哪會有你做不到的事情。」

最終，阿強完成目標，撐到最後一秒鐘，不但全勤還通過老師的考試，老師在最終評分後跟阿強說：「恭喜你，成為全亞洲第一個街友變導覽員的人。真是不簡單呀！」

「老師，你們都說我們『朽木不可雕也』，嘿，我這個朽木有長出香菇。」透過這次課程阿強找回了對自我的信心，這次的信心無比強大，連他自己都嚇了一大跳。原本一直消不去的自卑感慢慢消除，他終於做了件讓天上母親看了都會覺得驕傲的事情。

阿強曾是階下囚又是街友，但是現在他成為專業的街遊導覽員。他以個人深刻又特別的人生經歷為本，加上努力鑽研萬華在地發展的特有文化背景和生態層面的沿革為輔，規畫了「老人」、「情色」和「街友」三個文化主題，他要讓別人透過這種邊走邊說邊看的解說導覽，對萬華在地文化有更深入的了解。透過培訓、實習和這份導覽工作的正式開展，阿強重新相信自己，也找到認同自己的方法，找到自己的新定位。透過交流和分享，他期許有更多人願意走入城市的巷弄內，去關懷社會底層的生態與特有的現象，進而看到各個領域、階層不同的生活樣貌，當然最好也能多給低下階層的人一些關懷和包容。

「今天我好不容易才得到這個機會，一定會好好去做，會很用心去做，把它做好，而且我也希望，我的轉型成功，能給其他的街友當個好榜樣，只要有心，連我阿強都可以了，他們也一定可以做到，不要再過著那種沒有希望的生活。」

阿強回想他這一生的漂泊與波折，覺得時間讓自己變得更加成熟，以前他自卑、抬不起頭，但是，現在的他跨越了那道無形監禁著自己的門檻，他不再看不起自己，不再逃避，他說要大方努力做自己。

「我從社會當中得到的恩情實在太多，所以，我要有恩報恩。」

重新找回自己的最好方法就是走入社會、走入人群、關懷人群、貢獻自己，這是阿強找回自信重返社會的體認。重新融入這個社會後，阿強希望自己以前的錯能被社會諒解，他現在是用「贖罪」的心全力以赴，以前因自己不成熟而浪費了太多社會資源，現在他要取之於社會用之於社會，他會用做好每一次的街遊導覽、過好今後每一天的生活來報答大家。

最後他要以一首臺語歌《七逃人的目屎》的歌詞，來奉勸七逃人回頭是岸，這是他飄蕩一生的完整寫照，他希望可以給人帶來警惕。

「黑暗的江湖生活，乎人心驚惶，少年彼時滿腹的熱情，漸漸會消失，七逃人的運命，永遠未快活。目屎啊目屎啊，為何流未離。有路無厝茫茫前程，暗淡的人生。無情的現實人生，乎人心頭冷，江湖兄弟刀槍來做路，賭命過日子。氣魄來論英雄，冤冤來相報，目屎啊目屎啊，罪惡洗未清，改頭換面重新做人，好好過一生。」

以砂畫彩繪出一片天：

開創人生的另一條路

遇見繪畫是朱國富的轉捩點，因為畫畫，開啓了他人生的另一條路。沉潛在繪畫的世界，他很平靜、很專注，一心一意只想著創作。前所未有的定下來的感覺給他力量，努力靠自己完成一件事的過程，給了他感動與啓發，與畫的邂逅，讓灰暗的人生有了不一樣的色彩。

給親愛的自己：

未來，我希望有機會可以開畫展；未來我想要一直創作下去，我也希望我創作的熱情可以永遠不要熄滅。

我的一生，渾渾噩噩，是畫畫救贖了我，我要珍惜。以前父親、家人在世時，都在等我回頭，現在我真的回頭了，他們卻都看不到。我想告訴他們，我已經不是以前的那個我，現在或未來的我，活得很有價值，是一個有用的人。

未來，我會好好珍惜好不容易得來的現在的一切。

未來，我會表現得更好。

未來，我會緊緊握住你的。

祝你

創意無限，靈感源源不絕！

朱國富

朱國富的人生故事和許多更生人如出一轍，提早變調的青春、鬼混的青少年、吃喝玩樂、賭與毒、殺人鬥毆，行走江湖路的幾部曲，一部一部接續走過。說起自身故事，朱國富心中無限感慨，但也充滿感謝。「我覺得很感慨的是，人生就這麼短暫，而我卻在渾噩不知的情況下過了大半輩子，一直到在監獄的最後八年，才突然清醒過來。而我要感謝的是，在我不完美的人生旅程中，還是有人願意適時伸出手，給我關懷與溫暖。」

不同階段的朱國富，有著不同的人生際遇，入獄前，他如一匹脫韁野馬，即使年輕的生命充滿危險與未知，卻還是一步步往懸崖衝撞，從來不知道要回頭。

往事一幕幕出現。

提前變調的青春

「阿富，你哦，是人推不動，鬼一拉就走！」他的軍人父親以前老是這樣喝斥他，責難他誤交損友，朋友在門口一喊，就頭也不回地衝出去。

生長在南港眷村，朱國富的父親退伍後在南港做過磅員，家中共有四個兄弟姐妹，他排行老二。朱國富從小課業成績不出色，但是字寫得漂亮，美術表現還不錯。由於父母親工作忙，很少管教小孩，即使管教也大多是打罵軍事化教育，叛逆的小孩越打越不聽話，越罵越往外跑，朱國富就屬這一型，他玩樂時間多於課業，成天在眷村或外面閒晃，很少在家中。

上了國中，國一的暑假，朱國富認識了一些外面混的兄弟，於是好玩的他也學別人跑到賭場去幫忙遞水、遞菸，幫忙顧顧場子，賺到一些零花錢後，他學會抽菸、喝酒。開學後事情傳到訓導處，他便成了訓導處監督管訓的指標人物，即使他在校很低調，從不惹事生非，訓導處還是每堂下課廣播請他去報到，如果沒去便會開一張紙條，請同學帶回教室給他，這些沒去報到的紙條，塞滿了他整個抽屜。

「那時我的想法是，我在學校又沒怎樣，為什麼要一直盯我，讓人反感。」有幾次訓導處還故意把跟他走得近的同學，抓去一個一個用椅子拆下來的那種木條狠打。還有一次他躲在學校角落抽菸，一位同學遇到他，他想要請同學抽根菸，可是那位同學並沒有抽，等他上課回到教室，全班卻有一半同學統統被叫去訓導處體罰。諸如此類的事情一再發生，他知道學校想要他這號頭痛人物讀不下去，最好自己休學或轉學。

其實朱國富說自己在學校並沒有那麼壞，只是愛打抱不平，幫人出氣而已，但是學校中只要同學出狀況，校方都會不分青紅皂白把箭頭直接指向他。他翻牆蹺課，如果有其他同學也一樣翻牆，罪馬上都會歸到他頭上，好事不算，但壞的事情全部都是他。

學校對他的指控，朱國富覺得很不公平，不過他根本懶得理會，他放棄自己的發言權，「我是真的懶得理會那些不合理的待遇，反正就看我不順眼。」

終於有一天，訓導主任跟他明講，「朱國富，你要不就休學，要不便退學，二選一。」主任要他自己選擇，還要他請父母到學校，他不服，就去找幾位外面混的朋友來找主任，幾經波折後，他在國三時成為中輟生。

現在回頭想，朱國富覺得自己走偏，自己當然要負最大責任，但是為何會走偏，那是因為外面、學校、父母、老師給他們的都是負面的指責大於正面的鼓勵。不愛讀書的孩子就要被歸類到人生失敗組，就是沒前途的人，他覺得很多事不公平。年輕氣盛的叛逆少年，可能就是因為這些負面情緒而扭曲人生價值，進而走上岔路，他就是活生生被不當體制引到錯誤方向的例子。

「你要知道，當你在學校不被接納，同學、老師看你都是用異樣眼光，在家又總被臭罵，你自然而然就會往一樣被排擠到邊緣的那群人身邊走去，因為在那邊可以得到溫暖與認同。江湖兄弟間總會情義相挺，那便是一種依靠。」朱國富不在乎外面的人如何看他，跑去跟同為中輟生的同學朋友廝混，蹺課、吸菸、飆車、打牌，那樣的日子反而過得快活。

他說，「當別人對你建立的不好形象無法改觀後，你的一舉一動、一言一行往往就會被放大幾十倍、幾百倍去檢驗，結果會讓你和正常的路漸行漸遠。」

他每天在學校都在睡覺，根本不知道旁邊的同學叫什麼名字，導師教了他一學期，名字跟他只有一字之差，他都是很久之後才發現。「好吧，你們都認為我壞，那我就壞到底，看你們有什麼辦法。」當時他就是這樣的反骨心態，被憤怒蒙蔽了雙眼。

因為學校對他的偏見，讓朱國富心中不停發出反抗的吶喊。國三中輟之後，也不過才十五歲，混了一陣子，想想也不是辦法，父親就說，「我看你還是去學個一技之長吧，有一技在身將來就不會怕餓死。」

他把父親的話聽進去了，於是跑去汽車修護廠當學徒，想要學汽車噴漆、板金等專業技術。當學徒本來就很辛苦，師傅動不動就會大聲罵人、教訓人，事多錢又少，也不准頂撞。有一次，同期的學徒被他師傅用手肘撞到臉上一大片瘀傷，朱國富看到後二話不說就要跑去宿舍找師傅理論，結果師傅把酒瓶打破，趁他踹門進去時，用破的玻璃瓶刺了他的手臂，他被緊急送往醫院，學徒生涯也就此中斷。

接下來，朱國富在忠孝東路六段附近，天天找工作，他說那時只要願意做，工作機會真的很多。可惜他和朋友都是抱著玩玩的心態，沒有半點認真，工作有的做不滿一小時就走人，有的做個三、五天，有一搭沒一搭。慢慢地，混混朋友越聚越多，整天吃喝玩樂，那時社會很流行「電動玩具」和簽「六合彩」，他跟朋友整天在瘋簽賭，然後，就是碰毒品，為了可以簽賭提神，他碰了安非他命，安非他命可以讓人幾天幾夜都不用睡覺。

「毒癮」囚禁了阿富的心靈，而「賭癮」讓他翻不了身，他沒有辦法面對誘惑，往下一直沉淪。「毒」和「賭」這兩樣東西是互相牽引的惡性循環，兩邊轉來轉去轉不停，賭了有錢就會去買毒，沒錢買毒便要去賭，朱國富沉溺其中不可自拔，最後終於出事，當兵前因為索討保護費和店家起爭執，為了挺他的兄弟，他犯下傷害罪被判監三年，被關了一年多出來。

當完兵回來，他一樣跟著兄弟繼續混日子，民國八十五年他因為販賣毒品案，被判處二十一年半重刑。那年他已二十八歲，最後關了十四年，出獄後已經四十幾歲了。人生的大半青春，他一半給了渾沌與無知，另一半則獻給了監獄。

苦牢中奏起的人生悲歌

入監前八年，朱國富的日子一樣是一天混過一天，因為刑期還遙遙無期，他根本無心去思索未來，未來好像跟他沒關係，那時家中都會寄錢過來，在獄中只要不惹事，日子不會太難過。

「有很多人問我，在監房內會不會有空多去想一想未來人生方向之類的事，我可以很老實說，年輕時都不會想才會犯錯入獄，在獄中更不可能有那種動力。監獄就是一群沒希望的垃圾聚在一起，是失敗者聯盟，大家只是抱著過一天算一天的想法在混吃等死。」朱國富跟一般的受刑人一樣，每天就是睜眼等天亮，對於那些工廠技術之類的，他從沒有興趣想要去好好學習。

直到朱國富的家人，包括父母與兄弟姐妹等，全部都在他獄中時期相繼病逝，那時他才驚覺，自己在世上已經完全沒有依靠，全部的家人都消失了，突然間他大徹大悟，如夢初醒。

「原來自己這樣渾噩過了幾十年，有多麼對不起家人，多麼對不起老父老母，自己真的是一個混帳王八蛋。」喪親悲慟，讓他幾天幾夜吃不下飯也睡不著覺，「以前擁有卻不懂得珍惜，直到真的失去了，一切都已經來不及。」

朱國富想著年輕時自己歹事做盡，只挺「兄弟」不挺「家人」，傷害家人那麼深，特別是他的父親與母親，他很自責，但這自責似乎來得太晚。他不知道自己的人生到底還有什麼意義，所有家人離他遠去，垂首哭泣也沒有用，因為一切不會回來。

父親是軍人出身，奉行軍事化的打罵教育，非常嚴厲，小時候不聽話必會遭到拳打腳踢。朱國富長大後，就很少被體罰，不過他看得出父親臉上總是寫著那種「養子不教，父之過」的悵然若失，他和父親的關係很早就陷入「冰點」。

他憶起國中一開始學抽菸後，父親每天早上上班前，都會在他房間門口的地上偷偷放包菸，他知道父親根本不希望兒子抽菸，但卻因為愛他，還是會留下一包菸給他，那種情緒的掙扎可想而知；而母親就更不用說了，母親從未真的嚴厲罵過他一句話，但是她眼神中的落寞、無助與傷悲，朱國富其實都知道。

「以前警察常上門，他們就會擔心得不得了，怕我被抓走，狐群狗黨找我去外面打架鬧事，他們阻止不來也會暗自傷心落淚。打架鬧事幾天沒回家，回家看到母親都是滿臉焦急不安，不知是幾夜沒睡覺，在獄中我常回想起來，自己真的是讓父母擔了一輩子的心，大大地不孝呀！」

家人的一一離去讓朱國富深受打擊，他開始反思以前的荒唐人生對他們帶來的傷害有多大，「我只要想到以後出獄回家後，只剩下自己一個人，都會難過得眼淚直掉。」

以前，家人是他在世上唯一的財產，從今以後，他已經一無所有，家的記憶，只能徒留在腦海中。

心的改變，因畫而起

朱國富說，親人的去世是他人生重要的轉捩點。因為在那個當下，監所剛好開辦了砂畫班，他一心想要改變，他希望自己能為死去的家人而變得有所不同，收斂起悲傷的情緒，他需要一個力量去改變，所以他毫不猶豫地報名。

此後就是他自己要負責的人生了。他暗自下決定，出獄後要努力做讓別人看得起的人。

朱國富入獄後，從臺北監獄轉送到臺東泰源技能訓練所，服刑前八年都沒有虛心學習任何技藝，抱著得過且過的心態，但是等他變成無依無靠的「大頭」（獄中稱呼那種沒有家人、沒錢、沒人看得起的人為大頭），他就知道往後只能靠自己，不能再沉睡下去。他開始懊惱前八年只學會混，沒有學會任何技藝，他花了一些時間思考，接下來的日子，他想改變自己，而其中第一件事是要學會一樣技能在身。

頓悟的朱國富開始為未來打算，他努力爭取到所方開設的第二期砂畫課，然後專注投入創作學習。「創作砂畫必須十分專心，砂子分層上色才會有立體感，這讓我可以沉澱安靜下來，心靈變得寧靜，思緒也有條理，能讓人找到完全不一樣的自己。」他很享受創作的過程，喜歡那種心無雜念的單純。

可是以前浪費太多時間，所以他想要快點把砂畫的技巧學會，因此不停地跟老師請益，最難畫的人物像也願意花心思去學，還吵著要老師教他更多的東西。他把全部心力投入砂畫的學習，但是畫具又不可能帶進囚房內練習，於是在囚房內，他就一直練習素描，什麼都畫，不停畫。素描是任何繪畫創作的基礎，他想好好打穩基礎。他曾參加過其他如油畫、雕塑、素描等美術創作班，所以他了解，素描是一切創作的底子。

朱國富也一反以前被動的個性，積極報名獄中各項比賽，所有需要幫忙的事，舉凡沒人要做的勞務公差，他都是第一個舉手。他說不要讓自己成為被動的存在，而是要主動出擊，不用求馬上看到回報，只要有心別人一定就能感受到，他想要把之前混沌八年浪費的時間全部補回來，而他的改變，周遭的人都看到了。

一個想徹底改變命運的人，做什麼事都會全力以赴。

因為他知道絕望、放棄、自怨自艾只會沒完沒了，只有希望能幫助他改變命運，而畫畫是他當時所有的希望與寄託。他要讓別人看到他的改變，看到他不斷努力。朱國富說化被動為主動的力量果真很大，大到每個人都對他「刮目相看」，不過有看好的人，也有一票人是看衰的，因為他們發現朱國富已經變得跟他們不一樣，看衰的人心中早就對因畫畫表現傑出而被看重的他，心裡很不是滋味。

開始畫畫後，時光總是匆匆流逝，日子一天一天過，作品越畫越多，每天都沉醉在畫畫中，他一天比一天更加確認，以後出獄也要跟畫畫彼此相互扶持下去。

有一天，上級來巡房，看到他的畫，露出驚訝的表情。「阿富仔，這是你畫的？不簡單嘛！」

「畫得這麼漂亮，這畫應該要被裱起來掛到牆上才對呀！」上級帶著賞識的眼光對他說。

「這張我已經答應要送人了，不用裱。」朱國富不好意思地答。

過幾天長官又來巡房，看到他又在畫畫：「你這張又是要送人嗎？我看你每天手都沒停，怎麼都拿去送人，不自己留下來？」

「對呀，沒辦法，他們都排隊來預訂，叫我一定要送他們，我怎麼趕都趕不完。」

「唉，這算是你的智慧財產權，應該要好好珍惜才對，以後不要隨便送人啦，所方幫你裱起來，用競標的方式。一切按程序來，畫本來就應該要用錢去買。」長官通過所務會議，也開了這個史無前例的先例，讓他的畫作可以換得報酬。

每逢週末假日，朱國富都會向獄方申請砂畫工具創作，申請程序很不容易，不過所方被他認真、刻苦的學習態度感動，加上看到他的作品，想大力支持他創作，一樣為他開了先例。

一切看來不可思議，他的認真作畫，他的全心創作，上面都看到了，朱國富滿心感謝，後來他甚至在獄中擁有一個房間可以專心創作，不被打擾，甚至有學徒來跟他學畫。他每天不是作畫就是翻閱畫冊，畫室中也有很多老師的或從外面買進來和畫畫相關的書籍，上百本書一本一本疊得高高的，他花了很多時間一本一本翻閱，這是他在獄中最充實快樂的一段時光。

不過因為獄所一段時間就會輪調，長官一旦被調走，朱國富就會被上面主管叫到面前說：「新的長官要來了，你畫畫的東西，快點收一收吧，新的所長不知道准不准你畫。」

他很害怕，油畫畫具要收起來，一切又要回到原點。還好，每一位所長調職前，都會特別交代下一任所長，對於讓他在獄中畫畫這件事要特別關照，所以並沒有心中擔心的事情發生。

曾經有一任所長常常過來看他畫畫，跟他聊聊天，那位所長從未問過他過去的事，只是來閒話家常，走時丟給他一、兩句鼓勵的話。有一次，這位所長走過來拍了拍他肩膀：「阿富仔，你一定要畫下去，要好好把持住，出去以後，不要中斷，不要再去做壞事，你的人生需要重新開始，知道嗎？如果有需要，我會盡所能推你一把。」

「長官，其實出去後我也不知道會不會再畫下去，因為外面有名的畫家那麼多，大家都是科班出身，而我連國中都沒畢業，我算哪棵蔥，我的畫有沒有人會買我都不確定。」朱國富皺著眉說，他想著一年後如果真的可以如願出去，出去後前途應該是一片茫然。

「阿富仔，如果你想在監獄教畫，或許我可以幫你想想辦法，出去的話，有需要隨時也都可以來找我。」長官看著他，眼神滿是關懷。

朱國富真的把這句話聽進去了，長官的位置如此高高在上，而自己不過是不起眼的受刑人，長官竟然這樣跟他說話，他並不知道長官講的是不是真心話，或許那只是句順口講出的話，但是至少他聽的當下很感動。

在獄中有不少囚友購買他的砂畫，也給他很大的信心及成就感，但都不及長官這一句「我會盡所能推你一把」來得讓他更開懷，這樣的感覺十分特別。

在滿是期待中，朱國富在提報二十一次假釋後，終於被批准了。當他開始打包行李，準備要離開這幾年來畫畫的地方，他竟然有點不捨，摸著桌上的畫具，想著這一路走來的跌跌撞撞和點點滴滴，心中不再空虛，收穫滿滿，雖然心中還是有不安的情緒交錯著，但是他對自己說：出去之後，一定要做對自己負責的人。

活出璀璨人生

出獄後，他回到臺北，先前往相關單位報到，沒想到竟遇到一個人大老遠跟他打招呼：「阿富，是你，你又回來了。」一個舊識叫住他。

「妳是哪位呀？」朱國富滿臉疑惑，聊了一下發現是十四年前跟他同一天被抓的一位藥頭的女友，那次他們一起待在士林看守所，然後移交汐止派出所，有聊過天，聽她說她前前後後也進出監獄很多次。

因為這樣與舊友巧遇，朱國富才警覺到，他絕對不能留在臺北，想要徹底改變，他一定得離開臺北。

兩個月後，他決定要搬到臺東縣成功鎮，他要「成功再出發」。

有一次他騎摩托車跑到離家二十公里外去裱畫，碰巧遇到臺東監獄的黃俊棠所長，他剛調過來時，朱國富已經快要出獄，所以兩人之間，沒有交情，也沒有互動，他主動上前打招呼。

「所長好！」他禮貌地打招呼。

「朱國富，你不是已經回臺北了？怎麼又跑回臺東混？」所長覺得奇怪。

於是，朱國富把自己的現況跟所長報告，他說臺北的步調太快，無法適應，他又怕碰到舊環境認識的朋友，種種因素讓他決定移民到臺東，自己想要從臺東再出發，想要留在臺東畫畫創作與生活。

「嗨，你好不容易走到這一步，以後你做什麼事必須更小心才可以。」所長諄諄教誨，叫他要好好開始。

隔了兩週，獄所有人跟他聯繫說所長想找他，對方跟他說，所長知道他在獄中的表現，如果他是真心要悔改好好過人生，所長說很願意幫他，後來在「建國百年郵政博物館暨臺東地區矯正機關技訓成果聯合展」的活動上，所長在記者會上介紹他給大家認識，讓大家有機會認識他砂畫創作上的才華。

那次也讓他深受感動，朱國富說周遭就是有很多人不求回報地願意幫他。還有一位臺東知名民宿的老闆聽了他的故事，把他的畫統統買回去掛在民宿中，還跟他成為好友。民宿老闆告訴他如果生活有問題就儘管開口，但朱國富告訴他：「你精神支持我就好，不需要救濟我。」每一次導覽民宿，這位大老闆就會邊導覽，邊介紹他的作品，跟別人講述他努力改過向上的故事。

這些事讓朱國富看到社會的光明面，以前他都只看得到社會黑暗骯髒的那一面，但是改變自己後，一切都改觀了。新的生活，讓他很有活力，創作靈感源源不絕。而臺灣更生保護會臺東分會更主動跟他聯繫，協助他辦理創業貸款，讓他順利成立自己的創作工坊，安心畫畫與創作。朱國富的工坊開幕那天，來了很多臺灣更生保護會、臺東監獄的長官與地方上的賓客，這些認識或不認識的人給了他無形的力量，讓他有勇氣在創作的路上走下去。

朱國富認為更生人只要肯努力，不要自我放棄，就能改變命運，他當然也希望自己的例子能帶來更多正面的能量，成為其他更生人的借鏡。因為自己被如此對待，他現在對從事公益活動、分享他的更生經驗都義不容辭。

開小麵館回味父親的味道

一個人在臺東生活，一個人在臺東重新開始，朱國富常會想起父親在廚房中煮麵、做餅、桿餃子皮的身影，父親的麵食做得很好吃，至今仍影響著朱國富特別喜愛北方家常麵食。只要想起父親的背影，就感覺聞得到陣陣麵香味，年輕時他深夜回家，父親就會從房間出來，也不管他在外面到底吃飽沒，便默默走到廚房為他下一碗家常麵。每當他吃著熱騰騰的麵，望著父親落寞的背影，那景象，成為朱國富一生都徘徊不去的深刻記憶。

平日，朱國富與父親之間的對話不多，父親從不要他解釋什麼，也從不問他為何不走正途，對他說的話永遠就那幾句：「阿富，你回來了。」、「你在外頭到底有沒有吃飯？」、「等下你還要出去？」、「你想吃麵還是餃子？」、「要加點辣椒嗎？」、「在外面凡事自己要小心。」

所以在臺東，朱國富除了有自己的創作工作室之外，還開了一家小小的麵館，他得有一份比較固定的收入來支付房租、穿衣吃飯、生活開銷等，不過他說吃飯餬口是其次，最重要的是，他想要保留家的味道，牢牢記住父親的味道。

樂於分享自己的人生故事

朱國富現在常常受邀到臺東地區的監所去演講，分享人生故事，還有幸擔任監所的砂畫教師，這一切，都是因為自己願意改變。他以更生人的身分，努力向上，邁向人生的新道路，他期望透過砂畫技藝的傳遞，指導更多更生人找到自己未來的方向。

他說：「找對方向後，只要看著前方的路，不回頭，一直往前延伸，目的地就會在前面等你。我的青春不可能倒退，錯誤的過去也很難彌補，但是我有未來與希望。人真的要去尋找改變，才有活路，憤怒與不滿並無法改變困境。」

朱國富從來沒有想過要用繪畫創作來出人頭地，他的目標沒有那麼遠大，他只知道創作讓他快樂，創作讓他覺得自己活著是有用的，畫畫可以讓他擺脫揮之不去的絕望，只要是在創作、畫畫，幾天幾夜都不會累。他慶幸能在監獄中找到自己真正的興趣和專長，是畫筆讓他解放與專注，是創作為他開啟另一扇通往其他空間的門，讓他在現實生活中不孤單。

從現在開始，朱國富的下半場人生，他要自己做主人，告別過去，他要活出屬於自己的燦爛人生。他說如果連他這樣的人都能做到，相信每個人一定都可以。

「碰到繪畫，讓我有機會測試自己的能力與極限在哪。對於自己喜歡的事情，就認真踏實地去做，然後正向看待這個世界。」朱國富說人生有時如同砂畫創作一樣，構圖一旦完成，勾勒及上色便很難去改變，正因為這樣，所以他往後做每一件事、走每一步，都特別謹慎與用心。

他為現在所能擁有的一切感恩，並且願意以正向的態度與大家分享。「要認真面對未來，用你的信心去除內心恐懼，做到與做不到之間的差異，取決於你的決心與毅力。」

朱國富要把他的決心展現在創作上。

用愛灌溉生命花園：

人生「重新開機」，點燃希望之光

當有機水果成功收成的那一刻，即使雙手磨破了皮，但看到豐碩成果，阿銘很高興自己做到了。儘管過程中也曾失敗，但是他沒有退縮，當剪斷粗枝，把有誘人色澤的果實捧在手掌心，那份成就摻著汗水與淚水，無法形容。阿銘浪子回頭，用愛灌溉他的生命花園，人生的烏雲已漸漸散去，他看到希望與光明。

嗨，銘呀好嘛：

未來好遙遠，我不能預想，但現在很真實，我只想好好努力衝刺。

我知道人生無常，知道以前的我浪費了好多時間，現在，我要盡全力百米衝刺。

走農業這條路很辛苦，但是我不後悔，也不能後悔。家人一直在我身旁給我加油打氣，幫我走出陰暗的路，接下來，我選擇活在陽光下，用我的汗水去告別過去，創造未來。

爸爸，我會好好做，你放心，兒子不會讓你失望。

媽媽，希望你在天上能看到我為你做的一切。

哥哥、姐姐，謝謝你們，沒有放棄過我這位老弟。

女兒，以前爸爸不在身邊辛苦你了，未來，爸爸都會在旁邊陪著你一起成長，分享你的喜怒哀樂，不會再讓你擔心受怕。

老婆，謝謝你給我機會，不在乎我的過去，以後我會更努力的。

感謝這些愛我的人、關心我的家人、相信我的人，我真的會用心好好做，讓你們看到漂亮的成績單。未來，我會加倍努力，因為我現在才知道，成功是要靠自己努力才能得到，沒有這次的跌倒，我相信我永遠不能體會。

未來，我要用這句話和大家共勉之。「只有一分耕耘，才有一分收穫。」

阿銘

阿銘在九十二年五月二日入獄，在一〇一年五月二十三日出獄，這些數字對他而言有很大的意義。

在監獄的九年時間，他從茫然、沮喪，到想為自己的未來設定目標，懷抱希望，這些過程有別於他人。一趟監獄旅程帶給他的意義是化負面能量為正面，是激勵、反省和充實自己，出獄後，他「重新開機」，開始過不同的人生。

「我還年輕，出去後要重新來過，好好做人做事，絕不讓老父、老母再為我擔心、掉眼淚。」阿銘在獄中日日這樣提醒自己。

是親情的呼喚，讓阿銘改變，在獄中只要想到遠在苗栗卓蘭的父母，他都會覺得無顏以對。一想到突然中風的母親，坐著輪椅跋涉千里，只為了來看他一眼、會面幾分鐘，他就很不捨。母親雖然每次都強忍住眼淚，告訴他家中一切安好，要他不要擔心，但是只要看到她日漸消瘦的臉龐，阿銘心中的傷痛就會鋪天蓋地而來。如果不是他，如果他沒有犯錯坐牢，父母親不會過得這麼辛苦，也不至於在家鄉抬不起頭。

難抵五光十色的誘惑

回首過往，阿銘那段荒唐的年少輕狂，不知傷害了多少人，不管在何時何地想起，都還會有些膽戰心驚。過往的一切歷歷在目，彷彿才剛發生。

阿銘的父親是個典型的鄉下人，老實、勤勞，一直在苗栗卓蘭做農藥肥料批發的小生意，母親則是傳統婦女，家中有一個哥哥、一個姐姐。

「因為我排行老么，家裡本來就比較寵我，加上我心浮氣躁，很容易暴衝。」家人都對他很包容。

阿銘在高中以前都在卓蘭成長，鄉下生活單純又純樸。但是上高中以後，一切變得不同，他跑到臺中讀夜校，白天在印刷廠打工，半工半讀。初來到大都市，繁華的生活正以繽紛多彩之姿來到阿銘的面前，大千世界讓人目眩神迷，加上這時他結識一位大哥，這位大哥對他很照顧，兩人很投緣，於是他開始在大哥的賭場打雜兼跑腿。

「剛開始其實並沒有想太多，純粹是打工賺點生活費而已。」阿銘那時沒有明確的生活目標，之前的工作也是有一搭沒一搭，而夜校的書更是讀得亂七八糟，他正在煩惱書讀不讀得下去，這時賭場的工作卻越做越順手，在賭場打工賺的錢要比在工廠打工多很多，令人難以抗拒，於是他漸漸迷失。

本來只不過是在賭場顧顧場子，隨著認識的道上兄弟越來越多，生活圈也越來越複雜，他開始去幫忙兄弟們圍事、討債並涉足八大行業等等。不過，最糟的一件事是他自己也沾上「賭」。

「鄉下小孩來到都市特別容易迷失，以前我在印刷工廠薪水是一個月五千元，吃飯都困難，但自從開始在賭場幫忙圍事之後，有時可以月收入十幾萬元，對鄉下來的年輕人而言，金錢的誘惑很難抵擋。有了這些得來容易的錢之後，人的價值觀很容易就跟著扭曲，因為錢來得快去得快，你絕對不會懂得珍惜。」

阿銘當完兵那幾年，遊走在兄弟間的「江湖義氣」和「爭強好鬥」之間，過著快速墮落的生活，路更是越走越偏，即使父親、哥哥多次相勸，他都左耳進右耳出。

他記得哥哥曾大聲喝斥：「你要混，不要到我們莊頭上混，你再胡作非為，讓我們家丟臉，我就去報警抓你。」他知道哥哥看不慣他的所作所為，努力想勸他回頭。

阿銘的世界因為接觸到「賭」，從此萬劫不復，只要一上賭桌，所有事都會馬上拋到九霄雲外。賭讓阿銘與常軌的生活完全脫節，他日以繼夜沉淪賭桌。「沾賭的人生，是一場噩夢，不停地輪迴，贏錢你就會很高興，輸錢你就會覺得很不爽，輸了錢又想再去翻本，贏了錢還想賺更多。那種人的貪念，沒完沒了，抽不了身，整個人會一直沉淪下去、陷下去。」

阿銘說錢再多都沒有用，因為最後總會全部都賠光，然後你又要想辦法變出更多錢來翻本。錢要從哪邊變出來？只好想些旁門左道，非法的事也做，賭到最瘋狂的地步，連最離譜的事情都可能做得出來。為了籌錢，不惜鋌而走險，阿銘和幾位朋友最後竟走上搶劫、擄人勒贖這條路，因此被判了重刑。

命運無情的一擊，讓他重重摔落地，但是一切已經來不及，錯誤已鑄成，回不去了。「賭」這個因，讓阿銘嘗到苦果，他被關了九年。

老天爺在二十七歲時送他一個「晴天霹靂」，他失去自由，人生掉到地獄。

被關時，阿銘還很年輕，別人的大好青春才正要展開，他卻已失去所有。一開始他跟其他受刑人一樣天天怨天尤人，但是慢慢地，他越來越想得開，他想如果在監獄的這幾年努力讀書、學習，能好好反省、學技能，把它當作一種人生的修練，這樣不是更有意義，也不會白白浪費時間。心念一轉，日子變得充實，他申請到臺北讀書班，繼續修習商科方面的學業，即便後來發監到其他監獄，在工場，他也努力學習，比別人都認真。

「人一旦有個心中的目標後，浮躁的心會跟著慢慢平靜下來，我的目標是以後要變好，要好好重新過自己的人生，我要先準備，然後朝目標前進。」他並不想浪費在獄中的時光。

阿銘說監獄裡存在三種類型的人，第一種人是會利用任何機會努力學習充實自己，把監獄當作沉潛修練的地方，這些人的歷練和社會階級比較高；另一種人是坐吃等死，打混過日，沒有目標，得過且過；而最後一種人最慘，他們得看人臉色過日子，處處被打壓，生活沒尊嚴。

他把自己歸到第一種類型，所謂「物以類聚」，在監獄也一樣，他喜歡找長者聊天請益，自己也都會定期看《商業周刊》、財經相關的書籍，去了解社會經濟的現況和趨勢，畢竟在獄中那麼封閉，得多讀報章雜誌才不會和社會脫節。

在花蓮監獄時他遇到了一位很好的教誨師，教誨師教他許多人生道理，教他如何讓自己的心沉靜下來，慢慢地，他可以拋開紛擾、追求寧靜，這些都是他沒有想到過的改變。

親情呼喚，浪子終回頭

除了自己想開外，家人對他的不離不棄，也是支持阿銘的動力來源，在獄中他常想起遠方家鄉的父母。

阿銘的父親是傳統型的嚴父，個性保守，沉默不愛說話，整天都在為家勞碌奔波，他臉上的皺紋，深深刻劃著「堅韌」兩個字。父親雖然沒對阿銘說過難聽的重話，但是對阿銘的失望卻全寫在臉上；而母親只懂在一旁默默守候，一樣從沒對阿銘嚴厲責備，只會用溫暖的眼神關注他。特別是母親的身體在他監獄服刑的時候如風中燭火，不但中風，還得到癌症，身體一日比一日差，兩個老人家都默默在期盼他浪子回頭，阿銘想著出獄後要好好彌補他們。

「我認為老天爺把我關進監獄，是要給我機會反省，能痛定思痛，自我檢討。」阿銘認為入監是人生的停損點，如果沒有入監服刑，他的人生可能還在醉生夢死，可能還在我行我素。

阿銘永遠記得出獄要回家的那天，心情有多矛盾、多難熬。他跌倒了，傷口很深，但卻意外得到找回自我的機會。他希望能得到家人的原諒，有機會彌補家人，對於出獄後的生活，他曾想過千遍萬遍，但還是沒有把握，他知道家人關心他，但他還是會害怕。

「只是短短一條通往家的路，我人走在到半路卻突然停下腳，考慮著要直接回家嗎？還是……」阿銘走走又停停，在心中不停對自己喊話，不能後退！不能害怕！不要回頭！一小段路，心情又是激動、掙扎，又是畏懼。對他來說，這天是他生命中特別的日子，因為他即將要和久違的家人團聚，因為他得到「重生」。

這條回家的路，他足足等了九年，而這條找回兒子的路，他的父母也等了九年。

「回來了就好，什麼都別說了，先進去。」阿銘的父親只是這樣簡單帶過去，所有的過去一筆勾銷。這句話讓阿銘濕了眼眶，沒有擁抱，但和家人眼神交會的瞬間，他知道家人完全敞開胸懷接納他，大家不用多言，阿銘心中便明白，他感受到回到家的那份「安心」，這世上也只有家人能真心跟你共擔苦痛，分憂解勞。

回到卓蘭，一切得從頭開始，不想過去，只有未來。阿銘回到熟悉的家鄉，他知道這次不能再讓父母失望，畢竟，整個家庭曾被他搞得天翻地覆，他浪費家人太多的時光。

阿銘把「不讓家人失望」這句話銘記於心，他要把不堪的過往留在流逝的歲月中，不願再想起。

選擇留在家鄉打拚

「不過，回到現實面，我想沒有任何更生人可以躲過外面的偏見與成見，因為我們『特殊』的身分會讓人『刮目相看』。」阿銘他就曾面對過一次次被人質疑的情況，偶爾也有人對他說些不堪入耳的話，讓他覺得煩躁、慌亂，那便是一個需要調適的過程，你無法左右別人對你的看法，但是你可以決定要如何看待自己。

「別人或許聽到耳語、傳言，知道你被關過，坐過牢的紀錄會緊跟著你，要別人立刻對你由質疑轉為信任，是很難的一件事。而你的言行絕對會被拿來用放大鏡放大幾十倍檢驗。」對於更生人一出來就會碰到的困境，阿銘滿滿的感慨。

本來阿銘也曾想過找點事情來做，他認為自己不能一直賴著家裡，但是幾經思量，一方面是害怕被用異樣眼光對待，一方面是拿不定主意要做什麼，最後他還是選擇在父親的店中幫忙，有空也替在賣寢具的姐姐送貨打雜。

「我比其他更生人幸運太多，因為我還有愛我的家人可以依靠。」阿銘說他聽過太多更生人因為不被社會認同又走回頭路的例子，其中最慘的是一位他的獄中好友，出獄後又跑回去吸食海洛英，最後在警察圍剿時中槍身亡。當他看到這則新聞在電視播報出來時，心裡真是不勝唏噓，因為在獄中阿銘聽這位朋友說過，等他出去後就要好好重新開始，阿銘一直以為他過得很好，沒想到是悲劇的結果。

「在獄中，對於未來，大家或多或少都會去想像，對受刑人來說，那是一種希望的寄託，可以激勵人撐下去，但是很多人出來後，夢就硬生生碎了。」阿銘說，當現實與夢想互相抵觸，脆弱的心更容易搖搖欲墜，原本在心中編織的美麗幻想被摧毀，加上原先沒有改的惡習，更生人想洗心革面，的確有困難，這也是為何很多人走回頭路的原因。

希望與掙扎兩方在拔河，當希望贏了就有「未來」，而希望輸了就只能「回頭」。

不想再讓家人失望

阿銘在監獄時，曾想過出來後要做殯葬服務業，他認為自己做服務業應該可以勝任，但是一出來後才發現，光卓蘭這個小地方就有三家殯葬業者；他後來也曾想過要在鎮上開家五金賣場，覺得鎮上應該有這樣的需求，甚至和父親去臺灣更生保護會苗栗分會詢問創業貸款的事情。分會的工作人員評估後給予初步的建議，阿銘又繼續和他們就自己的創意藍圖來來回回討論好久，覺得還是回到自己最有把握的那部分比較好，以擴展父親的農業肥料事業為主體去走，畢竟那裡有父親終生的心血，固定的客戶、人脈都還在，不會有過大風險。臺灣更生保護會苗栗分會的楊學勇主任幫他分析，給了他把希望具體化的計畫與目標，才讓阿銘腦中的輪廓漸漸清晰起來。

「阿銘，你要做，就好好做，爸爸一定會全力支持你。」父親對阿銘此次的創業充滿期待。

「好，這一次，我會打拚，不讓你們失望。」阿銘知道只能往前走，以前他年輕不懂事，凡事不管結果如何就魯莽衝撞，然而犯錯付出代價後，他知道凡事要「小心走」，個性被拋光磨平，做事更圓融、更謹慎。阿銘感慨年輕時那樣蹉跎人生，不負責任，出獄後，他囑咐自己要學會的第一件事，就是對自己與家人「負責任」。

「重來，也需要很大的勇氣，未來將會面對很多挑戰，你可以嗎？你做得到嗎？」這樣的問題反覆出現。阿銘不斷給自己心理建設，他的生命因為有裂痕而變得深刻，因為深刻才讓他有所覺悟，很多待人處事的觀點也慢慢改變。他體認到以後每走一步都要有計畫，懂分寸、懂取捨，年少時貪玩、放肆，迷失於燈紅酒綠，以後他的人生要「重新開機」。

不過，原本以為只要認真投入，就一定能做出好成績，但事情並沒有想像中順利。背負著父親一輩子的心血，想著要如何發揚光大，壓力真的很大。他跟苗栗分會貸了四十萬元，加上家中籌資的部分，他把父親原本的店面轉型成農業肥料的批發經銷事業，事業必須要有計畫才能做長遠，「我認為要花時間教育當地的農友，要講求種植的品質，這樣才能用好的品質來提高價格，不能一味求取收成的量而已，重質比重量重要。」他想得很深、很遠。

「這是一條別人沒走過的路，所以走得特別辛苦，要開創新的觀念，得花很多時間、花很多力氣。」阿銘認為自己要做的不能只是單純賣東西給農友而已，他認要為提供農友更多的互動與協助，讓彼此變成生命共同體才行，例如教他們新的農業栽種技術或有機農業新趨勢觀念等等，所以他特別找來專業的農業改良老師和農校講師來家中為農友上課，開闢「農友教室」。他想要突破農友那種傳統的思維，不管是栽種水果、蔬菜，都不能再用傳統噴灑農藥的做法，農作技術更亟需升級，要試著改善我們的土壤環境，友善我們耕作的土地，以正面的方法促進植物健康生長。

阿銘覺得做生意要增加和客戶的互動、信任感，要一起成長，所以對農友有幫助的事他都會想辦法去做，有最新的資訊也樂於提供。不過花了很多心思和力氣，成效卻不是立即可見，傳統的耕作思維早已根深柢固在農友的心中，要去改變非一朝一夕可以促成，但能說服一個是一個，他只希望大家能理解他的理念與想法。他想要傳遞對土地傷害最少的自然農法新思維，他認為要提高在地農業的價值，創造好的品質是唯一的方法。

用信念與堅持擊敗困難

一直努力想證明自己的看法是對的阿銘，或許是過於心急，也或許是時機還沒成熟，抑或是教育需要更多的時間才能見到成果，一段時間過去後，看不到立即成果，加上母親臥病在床，讓他家裡、店裡兩頭燒，心力交瘁。

人力不夠也是一大問題，阿銘凡事都得自己來，體力上吃不消；再者，做這一行，往往都是先代付貨款，先出貨給農友，再等農友收成後去收貨款，成本壓力很大，在經營上阿銘遇到一些困難，但還是咬牙硬撐下去。有時他看到國中的女兒一回家就馬上主動放下書包跑過來幫他，將肥料裝桶或做些雜事，他看了覺得心中很不捨。

有幾回，阿銘累到想打退堂鼓，「體力、心力和經濟的多重煎熬，讓我一度想過，如果真的要這麼辛苦，不如放棄轉行算了，因為付出那麼多心血卻又賺不到錢，連收支平衡、自給自足都達不到，還需要硬撐下去嗎？」

有一陣子阿銘真的萬分沮喪，但是一想到父親、女兒、家人就覺得要做下去，他開始兼做一些可以賺生活費的副業，如蔬果貨運、幫活動展場搭棚架等等。阿銘曾想過不如改行專門搭棚架算了，要不然也可以跟姐姐一樣到外地去做寢具的生意，靠體力賺錢至少能圖個溫飽，他一直在掙扎。

心灰意冷的阿銘，曾跟臺灣更生保護會苗栗分會的楊學勇主任、謝知君小姐和鄭主任委員吐露自己面臨的困境，這幾位都曾給過他很多好建議，是可以請益的人。

「阿銘，你不可以就這樣放棄，你好不容易做出一點成績，家鄉朋友也都開始信任你，你這樣半途而廢太可惜。」主任委員和主任幾次好心相勸，認為阿銘還需要一點時間，去證明他的努力並非徒然，如果要改變，可以往克服當前困境的方面去想，因為既有的基礎已經穩固，或許思考一下可以增加什麼新的業務，或是增加營業項目，讓收入來源增加，這樣可能可以改善當前困境。

分會這些長官和朋友的建議，阿銘都聽進去了，也都放在心上，畢竟他們的分析見解都很有道理。這群人原本都不認得他，卻可以不求回報這麼挺他、保護他、信任他，光想到就讓人備感溫暖，阿銘覺得自己實在是太幸運，周遭有這麼多人願意給他機會。

在陽光下閃爍的豐美果實

阿銘決心拓展不一樣的市場，他努力爭取，終於取得日本昭和酵素的代理權。他希望開拓另一條路，「昭和酵素」比起傳統農業肥料要貴上許多，但是好的東西可以改善土壤的環境，促進作物發芽和生長，也有助於肥料的吸收，他相信只要好好宣導推廣，未來大家一定都能夠接受。儘管代理過程也非一路順遂，代理權拿到後，還遇到同行惡意壓低價格搶奪生意的情況發生，但阿銘絕不放棄，他認為自己是走對的路，一定要堅持下去。

為了證明他代理的酵素，能有效提高作物的生長品質，阿銘開始嘗試用新技術耕作有機葡萄與火龍果，在經過不斷實驗與改良，一〇三年終於培植成功，也開始上市銷售，並獲得消費者的肯定。

栽種有機水果收成的那一瞬間，阿銘堅信「凡事沒有不可能」，即使他的雙手都磨破了皮，但是看到辛勤耕耘的豐碩成果，他慶幸自己終究做到了、成功了，沒有屈服。儘管過程中自己曾害怕失敗，但是這次他很勇敢也沒退縮，當剪斷粗枝，把誘人色澤的果實捧在手掌心，那份摻著汗水和淚水的成就，無法用言語形容。

這就是阿銘浪子回頭、重啟人生的真實故事。阿銘回到自己的家鄉，重新開始，努力實現他人生的夢想，從缺乏信心、看不清未來，到現在堅持朝自己的路前行，他做到了。他要感謝一路上陪他同行的人，也樂於分享他的故事，更期許自己積極投入公益活動，幫助其他更生人。

「我最近也幫一個種有機葡萄的更生人，把自己栽種的產品和他的產品，一起推廣到幫在地農業發聲的楊儒門創辦的『二四八農學市集』，這是楊儒門為了增加臺灣在地農友產品銷售的管道而建立的平臺，到那邊產售的商品都必須是規格無毒、安全、沒有化學農藥與肥料的有機商品，我們也允諾將提供百分之十的營利所得來協助農友推廣在地農業，我希望有更多人都可以投入在地農業的發展。」阿銘希望自己能發揮一己之力，友善土地，也推動有機栽種的觀念。

想彌補對父親與女兒的虧欠

多年來讓女兒無法享受正常的天倫之樂，一直是阿銘心中最大的遺憾，對於他的父母也是同樣的心情。親情是他在獄中唯一的依靠，而他卻對不起它。

「我覺得十分愧對女兒，因為我從沒能幫她過生日、沒能帶她去遊樂園，她的樣子我都是從寄來的照片上看到，她長高了、讀小學了、小學畢業了……女兒的成長我沒有參與過，現在回家了，只想好好彌補；我再也不想失去家庭，不想失去陪孩子成長的任何機會，現在這對我而言是最重要的一件事情。」

阿銘記得有一次女兒跟他說：「爸爸，你回來之後阿公變得好開心，他以前都一天到晚嘆氣，也不愛笑，現在不一樣了。」聽到這句話，阿銘的心好痛，他覺得自己是一個不孝子，是一個零分的爸爸。

還有一次女兒跟他說：「爸爸，你知道我以前每年的生日許的願望是什麼嗎？就是希望爸爸能快一點回家。」

他看著眼前那個已經上國中的女兒，聽話乖巧、善解人意，一下課書包才剛放下來，就會馬上跑過來幫忙做事，對於成長路上他這位缺席的父親，不但從無怨言，還用言語及行動支持他，他內心好感動。「我只想陪著我的女兒長大，她多年來都沒有我的陪伴，我給她的是一個不健全的家庭，但是她卻那麼乖、那麼懂事，即便說幾百次的抱歉都沒用，但我只想用實際行動來證明我的改變。」

阿銘心中充滿悔恨，他發誓要盡全力去填補之前留下的空白。

「我現在很想多去了解女兒的一些想法、困擾、煩惱，我不善於說教，但我只要她快樂，只想有空就和她多談談心，希望她能知道我心裡對她的關愛。」

一樣的，對於自己的父親，一切的感謝盡在不言中。阿銘說要全心全力回報他，為了最愛他的父親與他最愛的女兒，工作再辛苦都絕對不能放棄。

相信自己，堅持夢想不放棄

「一路走來，有這麼多人對我惺惺相惜，我很感謝，我得到比別人更好的機會，我也希望與別人分享一些東西。眼前可以做的是把我自己的故事分享出去，我相信一定會有人從中得到激勵與啟發。」阿銘開始學習關愛這個社會，不再對人冷漠，珍惜擁有。他說到現在才真正明瞭，用愛可以克服困難，如果有能力，他也想幫忙弱勢的農民團體，這是他小小的願望。

阿銘說自己現在還不算真的成功，所以他追求夢想的腳步不會停歇，未來的路還很長，還要繼續努力前行。他想幫臺灣農業多做點事，多幫一些人，現在他感受到前所未有的幸福，因為自己的努力，大家都看到了。

他很想要透過這本書好好鼓勵年輕人、曾失足過的更生人或社會邊緣人，「相信自己，堅持夢想，不要放棄，請記住這幾句話，然後用行動去證明自己，相信希望就在不遠處等著你。」

他為自己的人生重新定位，而且是力量滿滿的定位。

只要周圍的人願意伸開雙手去包容更多人，阿銘相信我們的社會也會變得更溫暖。

做好人比做壞人快樂：

黑道大哥谷底搏翻身

老婆含淚告訴他，「只要你願意改，永遠都不嫌晚。我和女兒會當你的後盾。」是家人的力量讓陳興餘可以再度充滿信心，他決定要當一個「有用」的人，要讓她們母女可以抬得起頭，對於太太，除了感激，他還有更多的歉意……

給我自己：

這封信要寫給未來的我，我不知道幾年後的我會如何，但是我知道現在的我很好、很滿足，這是我此生最幸福的時刻。

回想我人生的上半場，都在打打殺殺、要不就是在監獄中，好不容易得到的自由，我一定會珍惜。我要對老婆說，辛苦你了，以前沒有好好對你，現在到未來我都會當一個好丈夫；我要對女兒說，爸爸對不起你，現在到未來我會做一個有擔當的好父親；要對我最寶貝的孫女兒說，以後你會以爺爺為榮。

以前我只會記得別人如何對不起我，而忽略對我好的人，未來我要好好珍惜對我好的人。

大家請相信我，也謝謝你們給我重生的機會，我絕對會好好做。未來，請你拭目以待。

陳輿餘

更生人陳興餘，曾經是個黑道大哥，綽號叫「黑馬」，前後進出監獄五、六次，有三十多年的時間遊走在臺灣的各個監獄中，這條路走得好久好長。犯下的案件，小的是偷車、詐欺、偽造文書，最後一次則是判重刑的殺人案。

最後一次入監服刑是二十年前，後段他被移監到臺南監獄，有次太太千里迢迢帶女兒來看他。

女兒看著他不解地問：「老爸呀，這條路你到底還要走多久？你難道一點都不會覺得累嗎？」

「你知道全臺灣我最熟悉的地方是哪裡嗎？各地區的監獄，沒人比我還熟，好笑吧！」當女兒這樣問他時，黑馬心頭如被一記響雷劈過，他不敢應話，抬不起頭，更不敢直視女兒的眼睛。

的確，都這樣過了二、三十年，以前太太如何跟他說，如何掉眼淚都沒用，他都沒回過頭，但是女兒的這番話，他聽起來為何如此感傷，他內心深處的愧意被喚醒，他徹底明瞭她們母女心中的痛苦有多深，他對她們兩人的人生傷害有多大，他簡直是她們人生的噩夢。

所以當下他決定這次出獄後要重新做人，不再讓愛他的人傷心與失望。

「真是汗顏，這條監獄的路我走得太久了，人生大半的歲月都被蹉跎光，出來後自己還剩下什麼，只剩下一把不值錢的老骨頭而已。」可能是自己沒有體力，也或許真的疲倦了，陳興餘厭倦沒有希望的日子。每次只要想到太太一路這樣不離不棄，不管監獄再遠，都不放過只有那幾分鐘的探視會面，他就愧疚到無地自容。

「我覺得對不起太太，但是我這輩子都一直在對不起她呀！」

陳興餘說太太花了三十多年的青春歲月來等待他浪子回頭，等到他都變成老浪子，才終於換得他的重生。

他想起以前關在臺南監獄時，每次太太都得半夜從基隆搭夜車到臺南，又要轉幾趟車，才趕得及在第二日的白天探監。每次看到太太舟車勞頓的疲憊面孔，他都不忍心問太太：「你現在過得好嗎？」反過來都是太太這樣問他，他沒有勇氣問，也怕問，因為他知道太太在外面過得有多悲慘、多辛苦。一個人要獨自扶養小孩，還要忍受別人的閒言閒語和異樣眼光，那種身心的凌遲與煎熬，他連想都不太敢想，換做是他一定受不住，但是太太卻從無怨言，從沒在他面前喊過一次苦，他不懂為何她能做到。

「殺人犯老公經年都在監獄，女兒從小就要常常跑醫院，太太要母兼父職，要養家，還要每個月寄生活費給我，不是韌性夠強的話根本做不到。」陳興餘說一輩子從沒好好陪過太太，女兒成長路上也總是缺席，他心中只有愧疚，卻不知如何彌補與贖罪，「自己枉為人夫，枉為人父，是個壞人，我從來沒有好好照顧過她們倆。」

他在監獄常想起太太、小孩的臉孔，想著要是有一天，能全家人一起快快樂樂吃著熱騰騰的年夜飯，不知有多好。因為這大半輩子和老婆小孩除夕團圓的日子沒幾次，而只有想到她們，才是他唯一能稍感安慰的時候。

外面有人在等他，即使她們早就應該要放棄他，但是她們並沒有，那是他唯一僅存的希望。

「我的人生之所以有希望，還可以再來一次，是因為我的老婆從來沒有放棄過我。」一切的改變，來自老婆的一生守候，陳興餘說一個女人能有幾個三十年可以等待，王寶釧也不過苦等寒窯十八年，而他太太一等就是三十年。

前塵往事，無限感慨

回憶前塵往事，出身戰地馬祖的陳興餘，幾度哽咽，因為這次他絕對要好好做下去，做給太太、女兒和小孫女看。

「我要讓太太知道，她並沒有看錯人、嫁錯人，以前欠她的，現在要加倍努力來償還。」

四十八年次的陳興餘，在純樸的馬祖出生，父親海軍退伍後跑去當船員，一家六口，只靠微薄的薪水過日。

陳興餘說自己的童年生活過得非常困苦，但也因為苦生活過太多，讓他天生就很習慣在逆境中求生存，他叛逆、好強、不服輸的個性，也很早就顯現出來。

十二歲以前都在馬祖，沒有來過臺灣，民國六十年，父親帶著全家移居臺灣桃園八德附近，那是他第一次踏上臺灣的土地，這邊的一切都讓他覺得新鮮、好奇，連街上的燈照得路亮亮的，都讓他嘖嘖稱奇。「我還記得第一次在街上看到賣西點麵包，光是用聞的就讓我覺得很神奇，心想怎麼會有這麼棒的東西，曾一口氣就吃完十幾個麵包。」在馬祖，夜晚總是一片烏黑，當然也沒見過任何西點麵包。

可能因為生活苦，陳興餘想著以後長大不是要當軍人，就是要去當船員，這兩種職業感覺一定不會餓死。國中時，他的志願是當船員，因為聽說跑船的收入比軍人更好，還可以環遊世界，因此國中畢業時，陳興餘就跑去念中國海專，沒想到進了海專成了他墮落的起點。

「該怎麼說哩，因為我是在馬祖成長，即使到了臺灣也是在桃園八德那種鄉下地方，說是土包子一點都沒錯。一下讀到海專，到了北部，真的是開了眼界，見了世面，外面的花花世界讓人眼花撩亂。」他開始了多采多姿的生活。

那時中國海專的學生都很愛玩，打撞球、舞會、飆車啦，什麼新鮮花樣都有，他覺得什麼都好玩、什麼都有趣，於是跟著同學到處混，也有樣學樣，價值觀開始有所偏差，更無法抗拒外面世界的各種誘惑。陳興餘說自己抽菸、喝酒、打架、打牌，都是那個時期學的，他跟著同學廝混，直到快被記滿大過、小過，要被學校退學了，才趕緊轉學到基隆海事學校夜間部，而白天則到海軍第三造船廠打工。

那時，他還沒有真的混幫派，只是自己個性衝、愛玩而已，二十歲時他因為一場車禍意外，認識了老婆，老婆那時擔任客運車掌。之後當兵時他在海軍訓練中心當助教，原本以為當完兵結完婚後，人生應該就會開始步入正軌，沒想到他的混亂才正要開始。

身體心靈一起被囚禁了

婚後陳興餘沒有負起當先生、當父親的責任，反而到處打混玩樂，工作有一搭沒一搭，還沉迷賭博，開始混幫派。能言善道又不服輸的他，在幫派中輩分越爬越高，慢慢也成為領導者，幫派的舞臺似乎比任何地方都更適合他，他喜歡被注目，喜歡發號施令，樂於當群體的領導者，愛上八面威風的那種感覺。他覺得他把自己擺在應有的位置上，可以好好發揮專才，以前乖乖上班賺一萬五千元的薪水，完全不符合投資報酬率，走黑道，算一條討生活的捷徑。

「那時我每個月的房租就要六千，女兒的身體天生有問題，需要龐大醫藥費用，老婆能賺的又很有限，所以我認為黑道是一條可以走的路。」沒想到陳興餘越走越偏，一頭栽進去，黑道會做的勾當他全都做，圍事、顧賭場、打架、幫派火併、耍刀弄槍、改造槍枝等等。

他的老婆每天提心吊膽，深怕哪天他真的捅出大婁子，被殺或被抓去關，所以總在他身旁嘮叨，但是在幫派中權力越來越大的他哪聽得進去。果不其然，他第一次被抓進去關後，沒多久就接二連三再進去，一清專案也被掃進去，出來又進去，一樣的事不斷發生，罪名小的、大的什麼都有，而最後一次是為了討債犯下的槍殺案件，那一次重判了二十幾年。

「被關過出來又進去，這其實很常見，說句難聽話，就是人的劣根性，舊性難改，即便一時改了，卻又難以持恆，江湖路難行，就是這樣。出來後想改得努力一段時間，如果沒下功夫，想洗心革面，根本就不可能。」陳興餘說他本人就是最好的例子，老婆每次在他出獄後，都是一把鼻涕一把眼淚地諄諄告誡，他也都允諾會好好做人，但老婆一不留神，他就又被抓進大牢。

最後一次關了二十年，等到出獄都已經是五十六歲的老伯，陳興餘終於決定痛改前非，太太與女兒期盼這個改變實在太久了。

老婆含淚告訴他，「只要你願意改，永遠都不嫌晚。我和女兒永遠都會當你的後盾，這一次，是你最後一次的機會，再晚就沒了。」家人的力量讓陳興餘可以再度站起來，充滿信心地重新出發，他決定要當一個有用的人，讓她們母女可以抬得起頭，對於太太，除了感激，他還有更多的歉意……

放下刀槍，揮動魔法掃帚

於是在臺灣基隆地方法院檢察署與臺灣更生保護會基隆分會協助下，陳興餘貸得四十萬元的創業貸款，加上妻子把房子拿去抵押也貸了些錢，他洗心革面開了家清潔公司，捲起衣袖，拿起掃把、抹布、水桶清掃。他的人生從此走上康莊大道，一條乾乾淨淨、對得起老婆小孩的路。

「剛開始，我真的沒想太多，因為根本不知道自己能做啥，自己除了對

『改造槍械』和『偽造文書』很在行之外，就沒有別的專長，而在監獄學會的就是『打掃』和『園藝』。我想只要有一份工作可以做，讓太太不用再吃苦，就可以了。」

「要不我們來開間清潔公司，因為現在社區型住宅很多，都會包給外面的公司去打掃，還有一些公司行號、大樓等，只要我們肯做，做得好，應該有機會。」太太以前當過飯店的清潔婦，經她這樣一提，陳興餘覺得開清潔公司是值得考慮的一條路，因為只要肯做就行，剛開始投入的成本也不用太多。

「但是，不是我能做就可以了，也要有人願意讓我做、找我做吧，唉呀，那還要去登記、成立公司、租辦公室、買清潔的工具設備等等……一大堆的事要去做，還好太太都在一旁幫我、陪我。」太太真的是他的後盾與依靠，在監獄關了那麼久，很多事早與社會脫節，但是太太什麼事都願意幫他、教他，女兒也會在旁邊出點意見、跑跑腿，給建議，當他的軍師。

全家人一起為共同的「目標」努力的感覺真好，被他搞得支離破碎的家，終於像個正常的家了，他頭一次覺得終於有臉見太太、女兒。

一切從零開始，陳興餘很幸運地遇到好多願意幫他的人，包括觀護人、臺灣更生保護會的督導與長官、租辦公室時遇到的房東，還有一些認識或不認識的人，雖然素昧平生，但大家都願意將他當成正常人、好朋友看待，也把他要開清潔公司這件事當成自己的事一樣去關心，因為這樣，讓他知道自己絕不能再去當一個「負心人」。

剛開始的一、兩個月，開拓業務並沒有想像中容易，光是靠登門造訪根本沒有用。陳興餘在基隆一個又一個的社區去登門拜訪和自我介紹，他很想讓別人看到他的誠意，但是人家一聽到他剛從監獄出來，害怕關門都來不及，當然不可能把打掃的工作放心交給他。他每天一早就出門，天黑才回家，幾個月內走破了好幾雙鞋，還是沒有太大成效。

路途越是困頓，越激起他堅毅的那一面，他告訴自己不能這樣就放棄。「我是真的沒休過一天假，每天都是一大早五、六點就出門，到了晚上八點後才回家，每天工作十幾個小時，雖然很累，但心中卻很踏實，想起以前的荒唐歲月，我更懂珍惜重生改變後的每一天。」有時，他累得半死走路回家，卻覺得心情特別輕鬆，因為他感覺自己走在一條對的路上，一條離家最近、可以很安心的大路上。

「以前我為非作歹，現在光明磊落，那種感覺有很大的落差。記得以前走在路上怕被打被殺、怕警察，也怕其他黑道兄弟尋仇，但是現在不用害怕。」他感到再累都值得，「一個今天勝過兩個明天」，他每天都這樣想，每個今天都要更努力才對得起家人。

他的清潔公司剛開幕的幾個月業績都掛零，因為人家壓根不願意相信他，畢竟自己曾是殺人犯，關了那麼久，很多人都會害怕。「我都是用誠意去感動客戶。只要他們願意給我一次機會，就可以看到我的努力與表現，這樣就有更多的機會。」他開始接到一些零星的小案子，他心裡想著也許還需要一點時間去證明他的努力。

有一次女兒在網路上看到殯儀館要招標清潔工作的訊息，她說：「爸爸，你要不要去試試看？」

陳興餘馬上去報名，當招標會議上大家都用投影片做簡介，他拿的卻是手寫的介紹單，上臺去介紹自己的公司，雖然顯得手忙腳亂，但他展現出十足的誠懇態度。

「不瞞各位大哥和長官，本人剛從監獄畢業，我雖然是一個更生人，但是我會用全力去做事，請大家給我一個機會好嗎？這個機會我真的等了很久，我太太更是等了三十年，要當一個正當有用的人，是我現在唯一要做和想做的事情，如果大家願意給小弟我一個機會，我絕對會好好表現，不會讓大家失望。」

一開始大家都把眼睛張得大大的，一副訝異的模樣，場面原本一度鴉雀無聲，接著轉為竊竊私語，聽完他的這段話，很多人被感動了。

在場有不少的廠商決定棄標，最後陳興餘得到了這個機會。

當他拿到標案的同時，興沖沖地打電話給老婆：「老婆，告訴你一個好消息，我真的做到了。」老婆在電話那頭，喜極而泣。

做好人要比做壞人快樂

妻子李智惠對於先生陳興餘現在的拚勁十足感觸最深。

「我知道這次他的改變是玩真的，他是徹頭徹尾地想要變好，我看到他每天早出晚歸好辛苦，但是我的心裡都是滿滿的喜悅。我一直都在默默等他回頭，等到我的頭髮都快白了，孫女都已經長大了，卻是一次又一次的失望，但是，終於還是讓我等到了。」以前她都會擔心先生走在路上被砍、被殺，很怕先生一出門就回不來，不知去向或不知死活，但是現在她不用再心驚膽跳。

陳興餘對於工作很嚴謹，他要求每位員工打掃都要徹底確實，絕對從嚴檢查，做不好就重來一遍，要求務必做到盡善盡美。軍事化的要求，讓他公司的表現備受好評，口碑相傳後，有更多的生意找上門，許多客戶都由原先的觀望、半信半疑，到現在願意認同與相挺，成績慢慢做出來了，他花了好大的心力，把原先的業績掛零，衝到現在可以同時有幾十個案子在接，也有餘力去僱用更多的人。目前他的公司已經擴編規模，僱到四十個員工了，這其中包括一些跟他一樣的更生人、身障與肢障者。

「原來做好人要比做壞人快樂這麼多，早知如此，我就不會白白浪費先前三十年的時間去做壞人。我真的要感謝社會給我重生的機會，我一定會努力加倍做到最好！」陳興餘覺得現在的他才有資格被稱為「人」。

「我是活到現在這把年紀，才終於發現我這條命是有價值的，我很珍惜現在的每個機會，如果有能力就去幫助其他人，那種讓別人幸福的感覺，真的很棒。」以前他總是拿刀拿槍，爭得你死我活，帶給周遭的人無限痛苦，而現在，陳興餘振奮起精神，揮動掃帚，卻有了意想不到的收穫，帶給別人幸福，冥冥之中應該是老天要讓他來贖罪吧！

一圓幫助更生人的夢

為了幫助更多的更生人，他還成立了「基隆市更生互助協會」，更全心投入公益活動，幫助需要拉一把的更生人。

「因為我自己是更生人，容易感同身受與了解他們，知道能幫助他們什麼，要如何對待他們。」他要這些想到他公司上班的更生人徹底改變，遠離惡習，用真心關懷他們，也會在旁邊隨時鞭策他們努力向上，讓他們不必再徘徊在人生的十字路口。

「有的更生人沒地方住，我就好心幫他們租房子，沒錢用的我會先借工資給他們，但是他們一定要承諾會努力工作，我相信我的真心可以喚回他們。」他甚至把房子租在基隆監獄旁邊，鼓勵他們去進修專業技能，告訴想要改變的更生人：「不好好做，那就再搬回隔壁去吧。」

每次只要想到太太在他身上的無怨無悔，他就會要求自己要用同樣的心去扶持與支援這些在社會邊緣的人，這樣和他們榮辱與共的革命情感很管用，大家都很聽他的，也挺他。正因為有這種想助人的使命感和行動力，陳興餘肩膀上的責任也越來越重大，因為每天公司一開門就需要花錢，就有幾十口的人要靠他養、靠他吃飯，所以更督促他要做得更好，讓公司更茁壯。

「就曾有一些更生人看到了報導，打電話給我，這些人可能被其他地方拒絕過很多次，所以當我請他們第二天就來上班時，都感到不可置信。但是我都會把醜話說在前頭，真的要改變、想工作才來找我，如果還是想要混黑社會，那就不必了。」陳興餘很懂更生人的難處，他總能把他們管理得很好。

「擁有我自己的事業，又可以把它當作助人的事業去經營，兩者完美結合，是我心中的心願，我知道我的能力有限，但是能做多少就做多少。」他期許自己能做好本分，好好守護這些肯信任他的人。他不斷努力進修專業技能，甚至跑到大學報名上「廢棄物專業清除技術人員訓練班」，希望以後公司能升級到「環保公司」，僱用更多需要工作的人。

「以前我對社會或一些人造成過傷害，以後我要用心努力去彌補。」陳興餘要讓遇到的每個顧客，都對他的服務滿意、感動，也希望想改變的人有機會徹底改變。

「我常跟別人說，放對地方，每個人都會變天才，但是一旦走錯路，天才就會變廢材。我就是以前被放錯地方，走錯路，才會付出慘痛代價，但是現在我找到屬於自己的路。」

陳興餘尋覓這條路，尋覓了好久，他可以感覺有個聲音不停跟他說「你是有用的人」，督促他要更振作，叫他要堅持下去，就算是條艱辛困苦的路，也絕不退讓。

這就是黑道大哥「黑馬」的故事，聽他講自己的故事雲淡風清，說自己的理想卻眼神發亮。他說因為他的人生比別人晚了三十多年才開始，所以要很拚才可以，在打拚的同時，他也樂於與其他想要改變的人分享成果，他要用「拚命」為人生下半場寫下精采的一頁，他也請大家給他一點時間與鼓勵，因為，這一次，他是玩真的。

信仰帶來曙光：
點燃重生希望

年輕時刀裡來槍裡去，什麼場面沒見識過，但她卻是第一次感受到心中這樣風平浪靜，陳慧珠突然了解到自己是用糟蹋生命來報復無情的命運，把人生的挫折不如意丟給毒品。但是再多的毒品都填補不了內心的空虛，因爲內心深處一直渴望的愛，從沒被填滿過。

Dear阿珠姐妹：

未來的你過得好嗎？我知道你一定能過得很好，因為在神的指引下，早就找到一條對的路走。

未來呀，我希望能幫助更多迷失的人去找到對的路；未來我想要把我的故事一直分享下去，給那些因為毒品而無助的人，幫他們走出徬徨路。我是一個從毒害走過來的人，連我這樣的人都可以找到改過的路，還有誰不行？

回顧過往，人生起起伏伏，我度過風風雨雨而走到現在，我很珍惜現在擁有的一切，也珍惜每分每秒能與家人在一起的時光。我得到的救贖也要回照給其他的人，我雖然很渺小，我的力量有限，但是未來只要是活著的每一天，我都願意付出，付出我的愛與關懷，給周遭的人，就如同神給我的愛一樣的多。

阿珠

陳慧珠國中時，丘丘合唱團當紅，她每晚都哼唱著《就在今夜》這首歌，「就在今夜我要離去，就在今夜一樣想你……」心中想著，「有一天我也要站上舞臺。」「唱歌」是從小到大她唯一被注目的部分，她希望自己有朝一日能像金智娟一樣，成為很有名的歌手！

陳慧珠對自己的歌聲很有自信，她熱愛表演，國中畢業前本來都想好了要去念青年高中的影視科，以後出道當藝人，但是這個明星夢想，卻因家中經濟不許可而作罷。

女工、洗頭妹、酒女

原本，陳慧珠不放棄，很想隨同學到臺北闖蕩，這樣星夢或許還可以繼續，但是母親說什麼也不肯，拉她去工廠當女工，母親說家中還有那麼多小孩要養，身為長女該負一點責任，於是她做了半年工廠女工。

「女工的工作枯燥乏味，每天都是重複的動作，我個性好動，根本就坐不住，硬撐了半年，實在忍不下去了。」陳慧珠收拾行李，離開那個說什麼也不願意回去的地方。

接著，她跑去美容美髮店當洗頭小妹，洗頭妹不好當，掃地倒茶，還得一天洗幾十個頭，卻只賺一點點錢。在那期間她發現有一個姐姐常來做頭髮，她人長得很漂亮，總是打扮得光鮮亮麗，熟了之後，才得知她在附近的一家鋼琴酒吧上班，每天晚上上班五小時，一個月卻有一萬八的薪水，陳慧珠心中滿是羨慕。

「阿珠，你想要來，我可以幫你介紹，就只是陪客人喝喝酒、聊聊天而已，那邊沒有做黃的，你可以放心。」那位漂亮姐姐說。

「我可以嗎？可是我什麼都不會。」陳慧珠看著鏡中青澀還帶有一絲土氣的自己問道。她想著自己一天要辛苦洗幾十個頭，手都快要洗爛了，一個月薪水也不過七千元，但是眼前這位姐姐，人美又總是穿得很時髦，每天只要工作五小時，卻多領她幾十倍的錢。如果可以跟她一樣穿得美美去上班，又有那麼多錢可以拿，應該不錯。陳慧珠其實算是一個顧家的小孩，不管賺多少錢，她都一定會寄一些錢回去給母親，畢竟母親靠賣粿做小生意要養活一大家子的人，實在太辛苦了。

「我跟你說，你這麼年輕，長得又甜美，打扮一下馬上變天鵝，相信我，你這種型的一定會很受歡迎，我們那邊的客人都很高級，不會隨便亂來。」姐姐想說服她，告訴她鋼琴酒吧做的只是服務業，不用太大驚小怪。

於是十七、八歲小小年紀的陳慧珠就這樣開始了燈紅酒綠的繁華都市夜生活，她夜夜笙歌，成為鋼琴酒吧內最吸睛的搶手貨。她開始靠著女人的原始本錢賺錢，更染上抽菸、喝酒等惡習，她以年輕美色同時周旋在眾多男人之間。

後來為了賺更多的錢，她又轉到舞廳去當舞小姐，薪水更高也花得更凶，她的生活越來越墮落。

婚姻夢碎，借毒澆愁

十九歲的陳慧珠奉子成婚，但是嫁不對人，先生整天遊手好閒，還拿她辛苦賺的錢去賭博欠債，她傷痛欲絕決定拋開一切離婚，這時人生首度跌落谷底。

離婚之後，陳慧珠力圖重新開始。一直忘不了演藝夢的她終於如願踏上演藝舞臺，當時還有一位很保護她的經紀人。她走清純可愛的路線，在歌廳、夜總會作秀表演，很受歡迎。

不過，失婚的她並不快樂，總是在下臺後喝得爛醉如泥，無精打采。朋友見她精神不濟，有一回拿了安非他命出來邀她一起「嗨」。

「阿珠，你來試試看，這個吃了，保證你全部煩惱都忘光光，精神也會變好。你就吸吸看嘛，不會馬上上癮。我是有好東西才跟好朋友分享，沒什麼大不了的，來吸一口吧。」果然第一次抽了整個人就很放鬆，很有精神，幾天不睡也不會累。就這樣一次又一次，她愛上吸食後輕飄飄的感覺，慢慢地上癮，上癮之後就繼續追求更高的刺激，每次吸毒完，她都會覺得身心好似被抽離，煩惱也不再是煩惱了。

接著她又試一級毒品、二級毒品，越吸越多。沾毒人生的開啟，毀了她的青春年華，她內心的空虛、無助已被毒品趁虛而入，完全無法自拔，她把吸毒當作一種宣洩情緒的出口，再也沒有任何東西比毒品更能慰藉她。

亡命天涯毒鴛鴦

接下來因為在歌廳作秀的關係，她結識了一位黑道大哥，這位黑幫大哥對她百般呵護，於是他們展開交往，但兩人卻一起沉淪吸毒，成為一對亡命鴛鴦。黑道男友原本是開賭場整場子，期間也曾幫陳慧珠開設電動玩具店，但是兩人的毒癮實在太深，錢怎麼賺都不夠，加上還有一群兄弟要養。吸毒到最後就變成搶劫、恐嚇之類喪盡天良的事都敢去做，槍、刀隨時放身旁，還曾計畫到泰國販毒。

黑道男友帶給陳慧珠驚濤駭浪的人生，每天都像在走鋼索，不知道會不會有明天，還要隨時提防警察上門。當時她又深陷海洛英的毒癮，常打到手肘血管無法浮起來，打不下去，於是她就躲到廁所，坐在馬桶上改打鼠蹊部動脈。

「我常常一打完就立即休克昏過去，然後一昏頭部就會撞到旁邊的洗手臺，這也導致我右後腦勺有塊頭皮因長期撞傷長不出頭髮。有時候醒過來，才發現針都還插在身上，那種打毒品的極端方式，說有多誇張就有多誇張，沒看到的人是無法相信的。」

毒品讓她生不如死，與毒品搏鬥的日子，每天都像個遊魂瘋子，即使醒著也像走在夢裡，一切很不真實，沒有真的清醒過。但沒有毒品的她根本就活不下去，毒品讓她可以麻痺自己，逃避不想面對的現況，紓解某個程度的壓力，每次只要有毒品慰藉，她就心滿意足。她的毒癮一天比一天大，沾上毒後就一直得依靠它。毒會如影隨形，一直跟隨著你，沒有別的辦法可想。

黑道大哥後來被抓進去關，阿珠只好回家，母親實在看不下去，甚至以死相逼苦勸她回頭，還標會花了數十萬元，安排她多次去勒戒中心戒毒，有幾次她都以為自己可以戰勝心魔而戒毒成功，但到最後還是功敗垂成，一樣又脫序演出。每一次再碰毒，她其實心中都痛苦得不得了，但不碰毒就沒法活下去，那時她每天都希望自己最好睡死不要醒過來。

「阿珠，你千萬不要再去碰毒，再去碰你一定會死掉。」有幾次母親強拉著她，淚眼婆娑，不要她出門去買毒。

「你不要管我啦，你不給我錢，我就自己去想辦法，你就當我死了，當沒我這個女兒就好。只要我還有錢，就要一直吸下去。」陳慧珠狠狠甩掉母親的手，頭也不回地往門外衝，淚水奪眶而出。為何自己會變這樣她也不知道，她只知道，只有毒品能了解她內心深處的痛苦與悲傷，她覺得自己真的是生病了，但是當下只有毒品能幫她。

「其實幾次戒毒下來，每一次，我都真的以為自己可以脫離毒品掌控，但是不久後，還是沒有辦法躲過誘惑，那時我就會覺得自己的人生是一坨狗屎，根本不配當人，不配當人子女。」陳慧珠就在戒毒和吸毒中不停擺盪，老母親的眼淚流再多都沒有用。

「沉淪」與「救贖」在拔河，但沉淪的力氣總是比較大，毒品勝過母親的眼淚。

信仰的救贖與重生

八十四年陳慧珠第二次結婚，這次她嫁給一位有錢的地方望族，但是婚後她還是又跑回去沾毒，而且這次是夫妻一起，幾年下來，即使有千萬家產也變得一無所有。民國八十八年夫妻兩人都因吸毒被抓而服刑，戒治幾個月假釋回鄉，當時她曾信誓旦旦承諾絕對不再碰毒，但是不出幾個月，她還是又再度陷入毒品的深淵，隔年夫妻又前後通緝被捕。

原本陳慧珠以為毒海無邊，她一輩子都脫離不了，沒想到就在監所的戒治課程上，她愛上基督教唱詩歌，每當音樂一響起，不知不覺她就會淚流滿面，甚至有好多次都哭到不能自已地蹲到地上，痛哭後的她覺得心靈平靜，不再痛苦。

「那真是一種奇妙的感覺，大家一起唱著詩歌，這時候一段段不堪回首的過去一幕幕浮現，像演電影一樣，我看到了無助的自己、徬徨的自己、跌扈的自己、為毒鋌而走險的自己……在我生命歷程中所有經歷過的痛苦、傷悲，在歌聲中都被完全釋放出來，從來沒有過的安心與平靜出現了。」

年輕時就刀裡來槍裡去，什麼樣的場面沒見識過，但是這樣無風無雨的平靜，陳慧珠卻是第一次感受到。她突然了解到自己只是用糟蹋生命來報復自己的命運，然後把人生的挫折與不如意統統都丟給毒品，然而再多的毒品也填補不了她內心的空虛，排除不了她的不安與恐懼。物質上的需求都還算其次，精神層面的脆弱才是問題的重點，她知道自己一直渴望被愛，但是它卻從沒有被填滿過。

陳慧珠瞬間明瞭原來什麼話都不用說，不需要聲嘶力竭大聲喊叫，真心聆聽福音也能得到這樣的力量，她的眼眶充滿淚水，總是倔強不哭的她再也忍不住，在神面前嚎啕大哭。

「這回我知道我一定要救自己，這是我救自己的最後一次機會了，不這樣做，我知道將來一定會因吸毒而慘死，我不想再過那種沒有明天的人生。」陳慧珠在監獄決定受洗成為神的兒女。她不斷想起一直勸她戒毒的老母親的眼淚，想起年紀還很小的兒子，想起她無限荒唐的上半生，一切不好的事，她要把它當過眼雲煙全部丟掉，這一次，有上帝的引領，她真心要悔改，絕對不要再出錯，信仰的力量像天上的星辰一樣閃閃發亮。

出獄那天，她回過頭來看著獄所大門，心想不會再見了，因為她再也不會回來這裡了。這一點她很確認，因為上帝給了她允諾的力量，但是一想到要回家，她卻又開始懷抱著恐懼感，因為她知道先生還沒脫離毒品控制，她怕回家的話自己會有所動搖。

出獄那一天，臺中女子監獄大門外站著兩個人，母親與她的先生，母親說：「阿珠，你隨他回去吧！回去先好好說。」

回家後陳慧珠一直試圖改變先生，軟硬兼施，希望他不要再沾毒。

「這是我們兩個人最後的機會，你真的要好好想想我們的孩子，也要想想我們的未來，我們都還年輕，做什麼都可以重新來過，要不然有家財萬貫也會被我們吸毒吸到倒。」她計畫重新規畫兩人人生，但是先生卻背棄了她，寧願選擇毒品，這讓她的計畫變樣，她實在很氣先生，更氣自己為何勸不動先生。她想著以前兒子還很小時，有一次把他們藏在枕頭的白粉拿出來把玩，那樣的畫面讓她覺得非常對不起小孩，她不要再過那種被毒品控制的地獄生活，更不想小孩步入他們的後塵。

陳慧珠知道要改變一定得離開那個有毒品的家，她要逃離，一定要逃離才行，這次她真的要堅決地告別過去，讓明天可以好好繼續。

她鐵了心先回娘家去，但此時陳慧珠卻發現自己懷孕了，她認為這個孩子來得不是時候，於是跟朋友借了錢，走進一家婦產科決定墮胎，但是奇妙的事發生了，手術因為麻醉頻出問題而無法進行。她內心感受到有股強大的力量在阻止她，她覺得上帝在關照她，所以她決定順服主意，孩子留下來了，她滿心期待要迎接她。

是腹中的孩子給了陳慧珠新生的勇氣與力量，沒有她，自己還在茫然無處可去。一切冥冥之中注定，這時臺灣更生保護會臺中分會提供了場地

「馨園」，這是全臺灣第一所女性更生人安置處所，與臺中更生團契的牧師及同工生活輔導員，共同完成幫助更生人的使命。

「我在人生最徬徨無助的時候，很幸運地來到『馨園』，找到一個可以暫時落腳安身的地方，讓我可以在充滿關愛的環境中待產，並非常順利地生下女兒。正因為有臺灣更生保護會臺中分會及馨園輔導人員的陪伴與輔導，我才能很放心地重新展開完全無毒的生活，只要想到這些人，我就會跟自己說：『絕對不能辜負這些對我好的人』。」

即使陳慧珠出來後還跟一位獄中的好朋友有聯繫，那個朋友入獄前是一個藥頭，出獄後重操舊業，她住的地方本身就是一個大毒窟，來來往往的都是來買毒、吸毒的人，有好幾次她跑去找這位朋友，朋友還熱情地要拿毒品出來招待她。但即便如此，陳慧珠的心卻沒有絲毫動搖過，朋友覺得不可思議，嘖嘖稱奇。

「阿珠，你信了你的主之後，跟我以前認得的那個阿珠實在差太多了，根本換了個人，完全脫胎換骨，你看這些都是免費要送你吃的，你卻連碰都不碰一下，大家都知道你是老菸槍，現在卻連根菸你都不抽，真是奇蹟呀！」藥頭朋友幾次邀約她碰毒，她都不為所動，而且以前菸不離手的陳慧珠，決定改變之後，只要一聞到菸味就會噁心想吐，所以後來當陳慧珠再去找這位藥頭朋友時，朋友招待的東西就從毒品改成水果了。

「阿珠，我去買水果給你帶回去吃，你喜歡吃什麼水果告訴姐姐，吃榴槤好不好？」

「你們這些要抽菸的人，阿珠等一下要進來，她進來大家都不准抽菸，聽到沒？」

說也奇怪，不知道是不是阿珠的改變影響了這位藥頭朋友，幾年後，這位朋友也不再做藥頭了，改做其他正當的小生意。而其他以前吸毒的毒友，也沒有一個人曾來找過她，劃清界線後，她得以完全沒有後顧之憂，這或許也是上帝送她的禮物，祂讓陳慧珠可以真正改變，即使面對誘惑也能通過各種考驗。

「而上帝給我的另一份禮物就是我的女兒欣欣，別人覺得我生下小孩很愚蠢，但我認為是老天故意要用女兒來牽絆我，用女兒抓回我的心，讓我願意靜下心來，開始學習如何重新生活，沒有這些，我現在可能還會不斷回去監獄。」陳慧珠有感而發。

接下來就是重生後的新生活，陳慧珠一開始什麼辛勞的工作都接，她跑去當直銷公司的櫃臺總機，還當過電信寬頻公司的業務員，她要辛苦賺錢獨自養活小孩，但有時連保母費都付不出來。不過，冥冥中總有人會適時伸出援手，什麼都不懂、什麼都不會的她，肯學肯問，又不服輸，慢慢在工作上也做出點成績。她記得剛開始有半年的時間付不出保母費，等她安定賺夠了錢，保母才跟她說有人幫忙付過了，原來是教會的牧師代墊。一路上有人默默幫她，她都記住了，後來有位朋友介紹她去保險公司上班，開啟了她事業的另一條路。

「教會的朋友是真的關心我，他們總是用諒解來代替責備，用默默的付出來真心守護我和女兒，也很小心地關照我，怕我又走回頭路。」陳慧珠因為知道自己曾經很軟弱，才會沉淪毒海，所以才會藉著信仰力量管教自己向上，因為主的亮光讓她可以不畏懼，可以更勇敢地面對人生。

是信仰讓她找回新的生命，所以陳慧珠也希望自己能回饋更多人，她很努力地參加教會詩歌班，參與各種教會的活動，並願意到處去傳福音，後來也去監獄當反毒志工，到處演講上課宣導反毒理念。她認為把她的故事流傳出去，可以讓所有人當借鏡，這是她回饋社會的最好方法。

另一方面，她也很努力工作，填補所有欠缺的專業能力，她知道自己的改變要在每個地方都顯現。雖然只有國中畢業，但是不認輸的個性加上傻勁，讓陳慧珠在金融保險公司慢慢爬上主管的位置，也通過金融證照的考試，目前擁有五張證照。

再一次跌落人生谷底

正當她的工作、生活都上了軌道，一切都很好時，在教會宣導戒毒的小組中，陳慧珠認識了第三任丈夫。當時兩人因為有遠離毒品的共同信念與要一起對抗的目標，可以很有同理心，互相激勵，彼此諒解，這讓他們越走越近，後來更牽手走入婚姻，但先生最後還是躲不過毒品一次次的誘惑。

當她知道先生又跑回去碰毒，心中很生氣，每次都用最激烈的方法苦勸他回頭，因為他應該和她一起繼續抵抗毒品，為何退縮回去，這讓她完全無法理解，也十分痛苦。這時她才真正領悟到母親以前勸她戒毒時，心中有多麼的痛，母親以前不惜要以死相逼的心境她當下都了解了。以前她這樣傷害親愛的人，現在最心愛的人也一樣用同樣的方法來傷害她，一切宛如「現世報」，她知道這是她要通過的另一個考驗，是不得不面對的生命歷程。

陳慧珠自己身為反毒志工，勸導那麼多人遠離毒品的迫害，然而自己身邊最親近也最愛的枕邊人，她卻幫不了他，她為此落入痛苦的深淵，用再多的淚水都喚不回先生，那種椎心之痛與身心煎熬，猶如在地獄。

「我實在太想幫他、太想拉他一把，然而事與願違，他反而把我推得更遠、更遠。」陳慧珠難過到曾自殺過無數次，以死苦苦相逼，她的精神瀕臨崩潰，簡直要被逼瘋了，那個關卡她走不過去，唯一想的是用結束生命來喚醒先生，但是一切還是徒然。

那是她生命中又一次的低潮，人生再度跌到最谷底。只要是黑暗中有任何一小束光，她都會想辦法抓緊，她很想幫助先生脫離毒海，但當所有能用的方法都用盡，聲嘶力竭亦無用，她被逼得只能選擇放棄一途。

她用真心換到的是先生的絕情，先生在離婚兩年後自殺身亡，這是嗜毒者最悲哀的下場，也是陳慧珠最不願意看到的事，但終究還是發生了，一切畫下句點。

「有時命運就是如此殘酷無情，當你以為一切海闊天空後，卻送你一個晴天霹靂。」忍住心中的傷悲，陳慧珠不禁回想起年輕時的自己，因為吸毒也不知傷了多少人的心，特別是她的母親，她也對不起孩子，而第三任先生為毒所苦，最終選擇用慘烈的方法結束生命，更讓她不勝唏噓。

「反毒」伴她走過人生徬徨路

這輩子她看到那麼多人被毒荼害生命，為毒迷失人性，造成多少人家破人亡、妻離子散，害多少人暴斃身亡，毒是萬惡之首。她要站出來讓大家知道毒品有多可怕，有多可惡，有多可恨，要讓毒品現出原形，遠離所有的人，於是「反毒」變成一種神聖使命，她願意為宣導反毒付出一切力量。

「毒癮往往是來自內心的空虛脆弱，心魔最難抗拒，這一點我深刻體會，所以自己的內心要夠堅強才足以對抗誘惑，然而這點卻很不容易做到，所以旁邊的人要多些諒解、接納與扶持，幫助吸毒的人走出去。」

陳慧珠一路走來風風雨雨，才重新找回自己生命的價值，她希望別人也可以有這樣的機會。

現在她固定會到監獄去當志工，所有公益活動都義不容辭地參與。她樂於分享自己遇到信仰後生命改變的故事，她願意告訴世人她的生命因為沾毒走過多麼痛苦的路，她願意用行動去幫助所有在毒品邊緣擺盪的可憐人，用行動投入反毒的宣導。

「我想我這輩子最幸福的時間莫過於現在了，有兒女相伴，還有機會孝順母親，如果沒有信仰的強大力量支持著我，如果沒有臺灣更生保護會臺中分會工作夥伴、臺中更生團契牧師和同工們、臺中錫安堂牧師與教友無私的陪伴、接納與關懷，很難想像我會是什麼樣子，而當我通過所有的考驗、試煉，經過人生的風風雨雨，依然平安地站在這裡，我知道我做到了，我會無時無刻提醒自己，要繼續勇敢走下去。」

「如果有機會回到從前，我絕對不會碰毒。遇到困難，就用行動改變自己，轉個彎便能海闊天空，為逃避而跑去碰毒的人最傻，因為人生其實有很多選擇，靠毒品只會讓生命越來越糟而已。」她想告訴其他人，沉淪毒海得到的只是短暫的快樂，接下來的就是無止境的痛苦。

戒毒是一條很漫長的路，除了需要堅強的意志力，更需要周遭的人用愛與關懷來支持。她願意以過來人的身分，以切身經歷過的苦痛告訴所有人：「千萬別碰毒品！」她要用自己生命的故事給吸毒的人警惕。

「愛可以救贖並幫助我們一起對抗所有的困難。」她想把力量擴散放大去影響更多的人，能這樣幫助人，人生就沒有遺憾。

給自己一次機會：

挫折會讓生命長出韌性

如同魚需要氧氣一樣，更生人也需要別人的肯定與鼓勵，但是剛出獄的那半年，吳世璿得到的是一次又一次的負面打擊，他有時想著乾脆就這樣放棄算了。出獄後他的確變脆弱了，自信心不斷地消逝，直到他開始創業賣「桶仔雞」，嶄新的人生才在他面前展開……

嗨，你好：

未來的你，過得如何？未來的你，是不是也和現在一樣對人生充滿熱情與希望？

我希望答案是YES，我希望你沒有忘掉你所走過的路、所說過的話、所有下過的決心。

「會好好做下去」、「會當一個好兒子、好爸爸。」別忘了，你對母親有過的承諾，別忘了你跟兒子說過的話，你要踏實走好每一步，不能有任何閃失；也請別忘了周遭的人是如何幫你，給你機會，絕不能辜負他們。

未來，我只想要做得更好，賺不賺錢是一回事，我要彌補以前虧欠家人、社會的。我要和家人一起打拚，遇到困難也要一起克服度過，要努力長長久久；我要幫助跟我一樣曾經徬徨無助的人，激勵他們，讓他們也可以有自信地站起來迎接新的人生。

「努力有多大，收穫就有多大。」我要用這句話當座右銘。對未來的期待是動力，所以對於未來，我有更多的期待。

未來的五年、十年、二十年，我都會努力，有多少坎坷路都會面對與克服，曾經遺失的家、失去的自由，我一定會好好守護。

祝未來的你

天天開心，事事順利！

吳世璿

七年前，在監獄關了六年多的吳世璿準備要出獄，出獄的前一日，半夜裡他突然醒來，心裡有點不安。雖然第二天開始，世界就要重新展開，但他卻開心不起來，等了六年終於盼到這一日，但到底自己是在不安什麼，他也說不出個所以然。

要是外面的世界跟想的不一樣，要是外面的人不能接納他，那他該怎麼辦？他心中有好多疑問，加上他馬上就要看到思念的家人，爸爸、媽媽、兒子……想到老父老母，想到整個青春期成長階段都沒能陪在兒子身邊，愧疚感不斷地湧出。

「明天太陽升起，我的人生就要重新展開，為何自己卻高興不起來？」吳世璿感到十分茫然，未來會如何他真的沒把握，畢竟自己都被關了這麼久，能有的自信早就被磨損得差不多了，被關的人，心枯萎得最快速。

在獄中，他看盡人生百態，每個人背後都有著不為人知的心酸故事，而不管在入監前身分地位如何，來到監獄大家都是一個樣，萬物「打回原形」，上級叫你蹲就蹲，叫你站就站，不會有人管你之前有多風光，就算曾是叱吒風雲的商界名人或大哥、總統也都一樣。在監獄生活的每個人、每件事物都有自己的角色與位置，誰也無法越軌。

「沒有自由不可怕，我認為沒有自尊，才最可怕。」吳世璿說在監獄中沒有尊嚴的感覺，是讓他痛定思痛決定出去之後絕對不會再進來的原因。

他想起以前的自己也曾經風光過，但一切船過水無痕，到頭來不過是蹲在苦牢，跟裡面蹲的每個人都一模一樣。

少年得志，壯年失意

吳世璿雖然書讀得不怎麼樣，但是從小就極有生意頭腦。國中時，爸爸開水果鋪，不愛讀書的他，只要爸爸一有事要出去，他就會蹺課回家幫忙，他總能人前人後招呼幫忙做生意。大家都說他是個做生意的料，而且賣東西比讀書有趣太多，他在心中立下心願：「以後我要靠賣東西賺大錢。」

十五歲國中一畢業，吳世璿就不想念書了。一開始他在成衣廠做學徒，不久後就開始在夜市擺攤賣衣服，不到二十歲就能募集一堆人手擺流動攤販，還經營地下彩券生意，一下子賺進不少錢。後來更跨足餐飲業和經營醫院，他的輝煌人生在二十幾歲便到達顛峰。

「三十幾歲以前，我很風光，雖然書讀得不多，錢卻賺得很多。」他的父親不會當面稱讚他，但卻總在親朋好友面前誇他：「就這個孩子最會做生意，最有出息。」

但是，吳世璿沒想到，一向精打細算的他卻虧在自己根本不懂的醫療業。當時有人找他投資開健診醫療所，剛開始他認為市場大，應該能賺大錢，沒想到硬體、軟體都投資下去，才發現經營卻沒想像中那麼容易，一開門，一個月就得花三十萬元，虧損不斷擴大，像個無底洞，最後他竟動了印偽鈔的念頭，還因此被判了十幾年的刑期。

這場從天而降的巨變，把吳世璿關進牢裡。他把整個家庭弄得天翻地覆，家庭角色全部重新定位，他的父母失去兒子，還要幫吳世璿照顧兒子，而他的兒子也失去了父親。

憶起年少往事，吳世璿覺得自己年輕時逢水搭橋，遇山開路，沒有什麼事能難得倒他，他說：「可能因為這樣，年輕時能享受的榮華富貴，我都早已享受過，該看過的都看過了，所以當手頭窘迫、失意時才會去做非法的事。」不過畢竟犯過的錯，已經付出很大的代價，在監獄中，他有好好反省，他告訴自己，出去一定要走正途，要靠自己的手，乾乾淨淨、光明正大地重新開始。

「曾經失去的『自由』與『尊嚴』，絕對不要再弄丟。」有機會他一定要再把這兩樣失去的東西拿回來。

在獄中，家人的關懷對他而言很重要，疼他的母親一有空便會帶著他的兒子來探監，每次都會勸他、安慰他，叫他在裡面一定要好好過，而中風的父親雖然沒能來看他，但是母親都會告訴他，父親在家裡常跟她說有多麼想念他，有多麼盼望能快點見到他，有多愛他，每次聽到這樣的話，他都會在心中暗自掉眼淚。

吳世璿不太了解父親，幾乎很少和他有對話。從小接受父親的威權教育，父親總是吝於表達對孩子的愛。年少時，父親打他、罵他不手軟，常說他是不孝子，但是他看得出來，父親其實很在乎他。或許是「愛之深」所以「責之切」，他總是在面前大聲咆哮他，卻又在後頭告訴母親，「這個小孩最聰明、貼心」；父親壓抑對孩子的愛，放在心中不願說出來，而一些父親關心、掛念他的話，母親探監時都會告訴他。

吳世璿在獄中經常反覆想起以前父親跟他說過的話、對他的種種提醒，他終於可以慢慢明白父親、母親以前的苦口婆心，一切都是為他好，父親最盼望、期望的就是他，但他卻讓父親最失望。

出獄後，吳世璿發現中風的父親在他第一次申請假釋被退回不久，便因病去世了，這簡直是晴天霹靂，因為他很想要父親可以看到他重新做人、重新振作。

吳世璿記得當他知道父親身體不是很好的時候，心中非常掛念父親，想要知道他微恙的身體有沒有起色，所以寫了一封感傷的信回家，告訴父親自己很想念他、很愛他、很對不起他，希望他能原諒自己，也訴說已有二、三十年沒拉到父親那雙粗糙溫暖的大手。這封信由大姐念給父親聽，父親聽了潸然淚下，沒想到那封信卻成了寄給父親的最後一封信。

父親過世時，家人因為怕他在獄中會想不開，所以對父親過世的事隻字未提。直到出獄那天回到家，當他迫不及待想要見父親一面，兒子拿出的卻是阿公的遺照，沉重的打擊和一直以來渴望父愛的那種心境，讓他忍不住嚎啕大哭，他這才驚覺已經來不及給父親一個大大的擁抱，這件事是他心中很大的遺憾。

出獄，人生挑戰的開始

剛被關出來，吳世璿說自己沒有工作、沒有收入，時間卻很多，「剛出來，我對什麼都不熟悉，還不能適應。母親很怕我被關呆了，一有空就拉我出去，一下叫我陪她去逛市場，一下又要我跟那些攤販聊天；然後又怕我不會搭公車、捷運，趕緊帶我去熟悉交通路線；她還帶我去拜訪一些很久沒有聯絡的親友。」他知道母親的用心良苦，母親找了各式各樣的藉口，就是不要讓他一個人待在家中。

剛出獄的兩個月，母親讓他一天都沒閒著，要他快點走回人群，熟悉社會。因為看到母親的這一番心意，他知道自己不能再這樣無所事事了，他需要快快振作起來，不為什麼，只為了愛他的母親與家人，他要開始為自己未來的人生負起責任。

身為更生人，找工作是一個最難突破的問題，這是吳世璿原先萬萬沒想到的事情，找了好幾個月，去應徵了好多工作，但總是等不到好消息。他說：「只要是出賣勞力的，連挖水溝、洗車、水泥工、清潔工等，那種只需要靠勞力的低階工作，我都跑去試過了，但是得到的答案都是一樣。」

「我們要再看看，有需要的話，一定會通知你。」

「你的條件是比較敏感啦，我們要慎重考慮。」

找工作都找不到，根本沒有人願意用更生人，時間拖久了，他的意志一天比一天消沉，也變得有些憤世嫉俗，他覺得更生人找工作很沒尊嚴。

其實每次去面試找工作都是很大的掙扎，吳世璿說：「是一種無情又嚴格的考驗，那些人一聽說你曾經被關過六年，眼神就會馬上變得怪怪的，開始對你有警戒心，不信任你。」

每次當旁邊的人一出現懷疑的眼神，即使對方不用明白說出不能僱用他的真正原因，他都能知道為什麼。那種眼神很銳利，像一把刀刺進來，被瞧不起的滋味，的確不好受。

吳世璿到處碰壁、被拒絕，整個人已經找工作找到完全喪失信心，也變得越來越不相信自己，甚至後來他還大老遠跑到南部去做那種做一天休五天的農藥噴灑的零工，賺微薄的錢。只要有人肯找他，再遠或只有幾天的工作他都願意去做。

吳世璿感嘆：「路快走不下去了」，這時他終於體會到被關出來的人，為何有絕大比例的人，又會再度回到監獄，因為根本沒路可走。

有一次，他打電話去詢問一個工作，對方先表白說完全不會在意他是更生人，吳世璿聽了心裡很高興，心中想著還是遇到了有心人，所以趕緊前往面談。沒想到那位老闆跟他東扯西扯聊了一個多鐘頭後，還是當面拒絕他，當時吳世璿心中很不解，問老闆為何不肯用他：「老闆，你不是說是更生人也沒關係嗎？你不是說不在乎？」他很想得到一個答案。這時那個老闆嘆了口氣表明難處：「說實在的，用更生人我心中還是會怕怕的，因為我們不過是小本生意。」

他望著老闆無言以對，覺得自己像是被打了個巴掌，他若無其事地離開，卻很受傷。

如同魚需要氧氣一樣，更生人也需要別人的肯定與鼓勵，但是出獄半年來，吳世璿得到的是一次又一次的負面打擊，他有時想著乾脆就這樣放棄算了。出獄後他的確變脆弱了，自信心不斷地消逝。

轉機，路邊開賣桶仔雞

這時在一旁的母親看了比他還心急，母親怕兒子會這樣自暴自棄下去。「你別放棄啦，過幾天再出去找找看，先休息一下，別給自己這麼大的壓力。慢慢找啦，一定可以找到合適的，天無絕人之路。」對於吳世璿，母親總是溫柔對待。

有一天，母親看他找工作那麼不順利，就突然跟他說：「世璿呀，不如我們批一些水果來賣好了！你以前就是擺攤起家，這樣我們也不用看別人臉色，錢夠用就好，一天幾百、幾百賺，可以過就好，粗茶淡飯也一樣可以過。」那時他想著沒有車要怎麼去載貨，於是作罷。

某天，他突然想到以前媽媽在雲林鄉下賣過的那種桶仔雞，在鄉下都是用鐵桶子加木炭去烤，一隻雞得烤上個四、五十分鐘，味道很香、很好吃，但是都市人可能都沒吃過那種味道！他想著或許可以來賣雞看看。

他經過幾天思考，決定來賣桶仔雞試試看，為了縮短烤的時間，他想到要改良桶內空氣回流，用紅外線來烤，這樣時間就能縮短一半。

他每天都去買雞來烤兼做實驗，一個月下來不知道烤了多少隻雞，烤完就請母親品嘗味道，一直等到母親點頭肯首說：「這次不錯，雞外皮酥脆，肉多汁鮮美，真的好吃，比我烤的還好吃。」

因為不斷實驗，累積經驗和手法，後來烤出來的雞皮更酥，肉更嫩，再搭配上母親傳授的配方及胡椒鹽、辣椒粉，加上雞隻的精華湯汁，他越來越有信心。

一開始，吳世璿在三重集賢路附近的人行道上叫賣，開張頭幾天，一天只賣一、兩隻雞，乏人問津，他都不知道這樣到底可以撐上幾天。收攤回家後，他有氣無力地跟母親說：「路過的人明明很多，怎麼光臨的人就這麼少？難道我烤的雞不好吃嗎？」母親在一旁打氣說：「你慢慢來啦，如果你做的好吃，客人改天一定會再上門的，做吃的這一行，味道好是最重要的，眼光要放遠。」

有好幾回，他準備的雞根本都沒賣完，他覺得很沮喪，但是幾天後他發現，客人發現他賣的雞的美味了，有幾個客人幾天後又回來買：「老闆，你這雞味道很不一樣，上次買回家，我兒子說好好吃。」「老闆，我同事都說好吃，今天要多帶兩隻。」

聽到這樣的話，像打了一劑強心針，吳世璿高興了一整天，回家馬上告訴母親。

「你看，媽媽說的沒錯吧，味道好最重要。」母親跟他一起高興。

「夯の桶仔雞」凝聚一家人感情

因為走的是低價策略，而且味道還不賴，老顧客陸續回籠，加上口碑相傳，雞從一天賣兩到三隻，慢慢增加到一天可以賣個十幾隻。吳世璿越賣越有心得，桶子也慢慢從一個增加到五個。

後來母親看他生意不錯，但一遇到颳風下雨就很難做生意，又要日曬雨淋的，有一天跟他說：「你看我們租個小一點的店面怎麼樣？這樣比較牢靠，不用看天氣臉色，也不怕警察來開罰單。」

「不要啦，我想先把生意做起來，真的賺錢了，以後有錢了再去租啦。」他當然不敢想，擺攤不用租金，租店面會有壓力。

但是母親還是典當了父親留下來的手尾錢——金戒指，替他租了個小小的店面。

「你這次一定要好好做，做給你爸爸看，就當是你爸爸投資你啦，他會在天上看。」母親這樣跟他說。吳世璿聽了一度哽咽，他知道父親應該很期待他出獄後的重生……

更重要的是，開了這個店，兒子幫了他不少忙。兒子一直是他心中的另一個遺憾，以前在獄中總覺得對不起他，沒有陪他成長，他想兒子應該很不能諒解他這個父親吧！不過開始在店面做生意以後，貼心的兒子會跟前跟後幫忙，兒子還幫忙取了幾個店名，上網去給網友票選，最後選了「夯の桶仔雞」。開了一家小店，將父子兩人牽絆在一起，彼此更靠近。返回家和兒子團聚後，他決定要慢慢彌補之前六年的遺憾，而現在正一點一滴在修復中！

「我在監獄關了六年，很多社會上的事根本不是很清楚，許多都是我兒子教的，像怎麼上網、用手機呀，怎麼跟客人說話、打招呼等，兒子早就變成我的小老師。」他的兒子國中起就開始打工，社會閱歷很豐富，很多事吳世璿都聽從兒子的建議。他覺得和兒子的關係因為這個小生意拉進不少，以前來不及彌補的，他現在會好好珍惜。

「說真的，如果沒有母親經驗的傳授，沒有兒子的細心陪伴，我應該沒有辦法做得那麼好。」他感謝家人對他不離不棄，全心接納協助，沒有家人，就沒有現在的他。

給自己一次機會

從第一家店出現後，媒體便多次報導，最多時他還曾有十家加盟店，有些更生人更循線來找他幫忙，有的是想跟他學技術，有的是希望能找一份工作做。吳世璿因為自己是更生人，遇到過很多找工作方面的挫折，所以很想鼓勵其他跟他一樣也想要改變的更生人。他不但很大方地免費提供技術教學，也曾僱用更生人看店，他跟這些想要向上的更生人說，要把「一切靠自己」銘記於心。挫折讓他的生命長出韌性，韌性讓他創造出美好的新世界。

「要讓別人看得起，就要自己先堅強地站起來。要摧毀不好的習慣，真的告別從前才會有救！」因為自己也曾徬徨，所以更能體諒那種更生人難以言喻的苦痛與沮喪。

然而，這並不是每個更生人都能做到，有不少人根本等不到他口中那個美好的世界來臨，就半途而廢。他就用過幾個更生人，有人一拿到薪水就消失無蹤，有的做不到幾個月就嫌工作辛苦不肯來，然而，越是看到這樣的情況，越是讓他心生警覺，他一定要走到最後。

吳世璿藉由出獄後再創的新人生，認識到自己能有什麼樣的潛力發揮。他思考在創業過程能學到什麼，遇到什麼問題又要如何解決，這不僅讓工作事業步上軌道，更督促他進一步去想還可以有什麼發展，這些都是他獲得的啟發。

而臺灣更生保護會新北分會的曹麗鳳小姐在他創業期間也一直跟他聯繫，「當初因為我自己搞不懂營業計畫書是什麼東西，心中就想著，『我看直接放棄算了』，但曹麗鳳小姐一直來找我，對我苦口婆心，並多番鼓勵我，要我絕對不能因為怕麻煩就輕言放棄，她不停地教我，又給我很多好的建議。」吳世璿十分感謝曹麗鳳小姐的用心良苦，因為創業之初他原本就打算去跟臺灣更生保護會申請貸款，可是因為還要提出詳細的營業計畫書，他實在不知道要怎麼寫，於是就一再拖延，後來又因為已經在三重路邊開始做小生意，每天忙到睡覺時間都沒有，就更沒有時間去申辦了。但是臺灣更生保護會的工作人員一直鍥而不捨地打電話給他，仔細講解，讓他清楚流程要怎麼跑才對，計畫書怎麼寫才好，還有創業要注意什麼細節等，因為有他們的幫忙才能順利完成貸款的申請。

原本他想要好好研究發展真空包裝的業務，讓他的「桶仔雞」美味可以飄香全臺灣，不過時機或許還沒成熟，業務推廣還沒有達成，但是這卻激發他更大的企圖心。現在兒子已幫他把展店計畫拓展到中國大陸，一切順利進行中。

相信你絕對也做得到

令吳世璿欣慰的是，因為桶仔雞，串起一家人更深厚的感情，共同展開他的第二人生。即使他以前對不起家人，沒有盡到兒子與父親的責任，但家人對他的愛從來不曾改變。

「每個人都有機會，都有無限發展的可能，只是你肯不肯改變。如果你願意相信自己，願意給自己一次機會，別去管挫折有多大，面對它、克服它，希望會在未來等著你！」這是他出獄後創業過程的體會，他也常這樣跟其他更生人講。有一些在獄中服刑的人或出獄後的更生人寫信給他，每封信他都會親自回覆，為他們寫上幾句打氣的話，他認為如果只是一點鼓勵就可以改變一個人的一生，為何要吝嗇？

他想鼓勵更生人，「只要你行得正就別再害怕，不用太在意別人的偏見，不要退縮，不要讓人影響你的情緒，只要你願意付出、努力，認同你的人就會圍過來，鼓舞你、支持你。」他就是這樣走過來，所以想以此跟大家共勉之。

吳世璿記得父親在世時常跟他說些做人的道理，其中有句話是：「甘願要做牛，不驚無犁好拖」，這是用來鼓勵人只要肯吃苦，絕對不怕沒工作，人只要肯打拚，就一定能活下去，這句話他一直都記在心中，他很想告訴父親：「爸爸，我這次有照你的話去做了！」

致遲來的人生下半場：

江湖給我上過的那堂課

黃書仁想停下腳步，重新審視人生的方向，想給自己一次機會，整理自我、規畫未來。要再出發，這遲來的第二人生，不知有沒有希望？穿越了一段黑暗、漫長、曲折的監獄之路，他決心要迎接不同以往的「第二個人生」。

嗨，你好：

我很少寫信，沒有寫過信給自己。

以前在監獄偶爾會收到家中寄來的信，我都會一看再看。

走過江湖這條路，像在無邊的大海飄泊，永無止境，現在我終於走上陸地，踏實走好今後的每一步，是我對未來的期許。我會好好做，不讓愛我的母親與家人失望，他們等我回頭真的等太久。

未來路好不好走，我其實也沒百分百的把握，但是我絕對會盡全力走下去。

未來的我又會怎麼樣？我當然希望能一天比一天更好，如果有能力也希望可以幫助一些更生人找回重返社會的力量，重新再振作起來。我也想和跟我一樣犯過錯的人說，不要因為過去而自卑，自信要靠自己建立，未來掌握在自己的手上。

我曾經有過一段黑暗的人生經歷，但是我很努力地改變，讓黑暗的人生再現光明。因為別人願意給我機會、給我鼓勵，我才能重新找回自我，因此我很感謝你們沒有放棄我，未來我將會更努力，證明給你們看，你們這次並沒有看錯人。

最後祝你

可以更上一層樓

黃書仁

黃書仁出獄四年多，這段時間，是他感受最深和思維最清楚的時候，他突然看清楚人生的很多事，心情格外平靜。重要的是，他不再被外界所干擾、影響，他有了自己的小小工程行，每天到處奔波接工，在大太陽下流汗工作，讓前所未有的踏實感填滿心中。走過人生起起伏伏，他認為，人只要能站得住腳，就不用害怕。以前不管是走江湖路或是在監獄，總是害怕背後有人，害怕走夜路，現在，不管什麼時間，即便是一個人走路都不用怕。

他不想講什麼大道理，說他的浪子回頭回得太晚了些。他說混江湖的人不愛說教，也懶得聽教，自己做的事本來就要自己去承擔，如果犯錯就關；做了錯事，本來就必須要接受痛苦與懲罰；想改過就改過，一切都是自己造成，「自己要先想透，未來真正想過的是什麼樣的生活，沒有想透，一切甭談。」他自己也是想了大半輩子才真的想透。

「我真的看太多更生人，好不容易期滿出去，沒多久又關進去，進出監獄像走自己灶角一樣，不徹底想清楚，不徹底斷絕過去，不徹底改變，要再回去，易如反掌。」自己就是個典型的例子，人生有快一半的時間都在監獄裡度過，前後進進出出五、六次，關了二十年，因為以前出來之後，還是處在同樣的環境，很難改變，但是這一次，他徹底醒悟了。

為什麼？因為他不想要再過「江湖人生」！

「我想要一個全新的開始，以前自己是為朋友、為江湖的『義氣』而活，但是自己關了那麼久，又得到什麼？什麼都沒有，自己的心破了一個大洞，根本沒有人在乎，浪頭過了就只剩下泡沫，這就是人生殘酷的現實面，身為江湖人遲早要認清。」

黃書仁說跑跳江湖一輩子，到頭來人生一場空。

告別過去，從頭開始，生活或許辛苦，不像以前那樣可以揮金如土、進出坐名車、喝高級酒、講排場，現在他得要在大熱天蹲在機器旁磨鐵、焊鐵，還要到處跑工地，為了微薄收入拚命。可是，他充滿力量，樂在其中，因為這是為自己的人生在打拚。

他說著目前的生活狀況，望向遠方的眼神很淡定，以前的他可不是這樣，他是個出名的火爆浪子，動不動就翻桌、打人，喜歡用拳頭解決事情，沒什麼在怕的。從國中起，就開始跟外面的三教九流混在一起，是老師眼中的問題學生，父母眼中的浪蕩子，過去種種，大風大浪，想起來偶爾還是有些感慨。

過去的歲月，一幕幕出現。

逞凶鬥狠少年路

黃書仁的家境小康，父親受日本教育，思想很傳統保守，家中有九個兄弟姐妹，他有五個哥哥，是家中最小的兒子，他還有一個妹妹。

父親與母親，一個嚴格，一個慈愛，他怕父親，卻跟母親很親，而哥哥們大他很多，什麼都會讓他。

家中做的是原木批發的生意，跟傳統的木材行有些不同。他們在山上有工寮，還僱用一些長工，小時候他住在坪林附近，國小中年級後才搬來臺北；而哥哥們是做沖床工程的。

小時候父親常帶他到山上去看樹苗，告訴他這些小樹苗以後長大，砍下來就可以換成錢，他總會在林子中跑來跑去，喜歡在那邊和陽光玩捉迷藏，那樣的童年回憶很快樂，只有他與他的父親。

黃書仁的父親管小孩十分嚴格，印象中他的哥哥們就常被倒吊起來打，但是因為他是么子，鞭子似乎沒抽到他。只是父親愛嘮叨也管得緊，而母親對他則是疼愛有加，保護又寵溺。

改變是在他上國中之後，因為他的個性外向、活潑又好動，是班上帶頭玩鬧的那個頭。國中時期，他讀的不是升學班，在那個時期國中有分放牛班和升學班，愛玩的他成績並不好，於是被分發到後段班，一大票愛玩愛鬧的同學就這樣被聚在一起，下課後就到附近鄰校去找人打架、鬧事，慢慢就變成讓學校頭痛的學生。

「學校訓導主任，時刻都用眼睛盯著我，每節下課都要我去報到，如果不服管教或是在外鬧事，主任就會用木條打，打到小腿都是瘀傷。」他那時並沒有真的混幫派，只是不良學生，喜歡成群結黨在外面抽菸、喝酒、打架等。打群架的事最常發生，因為年少叛逆，總覺得對鄰校的學生怎樣看都看不順眼，所以三天一小打、五天一大打，讓他打出了知名度，成為學校「重點管理」的學生。走在校園，大家都認得他。

上課越來越無聊，成天被體罰，放學後換他跑去體罰別校的學生。每天他的心都在教室外，心浮氣躁，老師在講臺上面講了什麼話都聽不進去，他知道學校離他越來越遠。

相較於無聊的學校生活，外面的世界實在好玩太多、熱鬧太多，他漸漸愛上更酷炫的「大人世界」，也開始跟著外面的地方角頭，當小跟班，一窺不一樣的五光十色夜生活。

於是蹺課、飆車、打撞球、打架、交女朋友……放學後多采多姿的生活才正開始，同伴間的嘻笑怒罵聲、聲聲作響的引擎車，伴著煙霧瀰漫的夜色，載著他通往熱鬧大街。

後來，他越混愈過分，隨著認識的人越來越多，生活圈也越來越複雜。他國中都還沒畢業，就跟一群外面的人幹架，有一次他全身沾滿了血，匆忙跑回家，父母看到都嚇呆了，隨後他的哥哥從外面進來說：「奇怪了，巷子口那邊怎麼來了一大堆警察。」

這時，他父親直覺事情不對，拿了五千元，快速塞給他說：「你從後門快逃，這幾天先不要回來。」對於父親他一向又愛又恨，父親成日念他說：「生你這兒子，白生、白疼，沒路用，沒救啦。」父親每天堵在家門口不讓他出去，怕他到外面闖禍，而每次都是母親偷開後門放行，然而那一次開後門的竟然是父親。

「你暫時先不要回來。」父親話講得很急，一把將他推出去，出了門，他回頭望了父親一眼，胃突然抽緊起來，眼睛望著父親卻又快速移開，想要逃避父親那個無助的眼神。這是他第一次發覺父親的頭髮已白，這麼蒼老，他緊緊捏著手中的五千元，黏著汗、沾著血，原來父親對他的關愛一直都還在。

進出監獄成常客

「高中我跑去念汽車修護科，反正不愛念書，學汽車也是一途，但是我一樣是一天混過一天，學校對我來說，是暫時歇腳的地方，外面玩累了就到學校休息，我還特別選了遠離家裡的學校，這樣可以順理成章搬出去，不用家人管。」家變成黃書仁的旅館，久久才回家去看母親一下，洗個澡馬上又出門，有時母親因為好幾個月都沒看到他，跑到學校大門堵他，同學老遠看到跑來告訴他，他就會馬上翻牆出去。有幾次還是被母親逮到，她拉著他的手說：「你有空還是要回來看一下你爸啦，他很想你。」

「在我們家因為哥哥們做生意，所以每個月都要開一次家庭會議，討論一些事，但是只要我缺席沒到，父親就會叫大家等，因為他很重視我的看法。」可我住到外面去，就不常參加會議，父親才會一直叨念母親，最後演變成爭吵或不快的局面，母親受不了了，就會來學校找我。

高中混的就是幫派，他的大哥就常說：「不得了，我們黃家出了一個大流氓。」警察三不五時就會上門來找人。

才高一，黃書仁就跟外面的人在民生東路開設賭場，正式踏入黑社會。

念汽車修護科時，他會把汽車不要的廢鋼材，拿去裁切、烤、焊、打磨，把要報廢的材料變成一把把亮晶晶的刀。打打殺殺是家常便飯，他三天兩頭就被砍到受傷送醫，天天向醫院報到，跟醫院熟到都與院長成為朋友，最後醫院還不收他醫藥費呢。走江湖的人都不怕死，他的年少青春就是這樣過，十八歲便進過看守所，當兵時也曾因不服管教被送過管訓。

當完兵回來，他的生活和當兵前一樣，遊走江湖道上，不過發生了讓他至今想起仍然很痛的事。跟他從小一起長大的玩伴，在一次被仇家突襲時，挺身幫他擋刀，當場肚破腸流，送醫後不治身亡，這是他心中最大的傷痛。

那是中秋節的晚上，他和朋友阿狗與白猴幾個人去一家小吃店赴宴，因為前女友的事他跟人發生一些過節，一進門他就覺得氣氛異常，整個餐廳感覺怪怪的，他跟同伴使了眼色，覺得似乎中了埋伏。當菜一上，隔壁桌的人，武士刀一亮也跟著上，好友白猴為了替他擋刀被砍了，他跑出去找救兵，等他找人回來救援時，警察已經在那邊等候。他永遠忘不了那個晚上好友慘死的狀況，深印腦海。因為這個意外，讓他心中更加忿忿不平，他決定要為兄弟報仇。

命運於是在他身上展開惡性循環，一次過錯終會引發更多的錯誤，他離正軌越來越遠。

二十幾歲到三十幾歲，浪子的路，始終如一，黃書仁在幫派的位階提高，闖的禍越來越大。他沉迷於賭，也沾上了毒，後來更變本加厲販賣毒品，販毒賺的都是黑心錢，來得快去得也快，他曾經一天賺進幾十萬，連藥頭都要甘拜下風，但其實這種非法的錢，賺得並不安心。其間前前後後他因為吸毒被抓進去監獄多次。捲進混亂生活的漩渦中，「毒」與「賭」

讓他深陷其中無法自拔。

浪子要回頭，說得容易，但其實做起來很難。

「其實，我也有想過好好做個生意之類，之前我做過體育用品店，賺了些錢，但是幾年過後又跟一些三重角頭道上朋友廝混，吸大麻、賭博、吸安非他命，整天睡在賭博性的電動玩具店內，沉迷在燈紅酒綠中，一天混過一天。」他說自己好像天生流氓命，習慣那樣的生活，抗拒不了誘惑。他人生的精華時段都是那樣子過，那是一個正常人絕對無法想像與理解的世界。

「最初幾次進出監獄關的時間都不長，幾個月而已，後來相關法律改了，關較久一點，判六年，關了四年多。」他說他進監獄已從新手變成老鳥了。

每次他母親都是又找律師又找關係地要幫忙解決，但是一次次，他照樣又被關進去。每一次母親來探監，他似乎可以聽見她心裡無奈的嘆息聲。

「這次出去，就好好做人，不要再賺那種錢，家裡不缺錢。」母親都是這樣跟他說。一個母親對兒子永遠不變的執著，在她略帶憂傷的眼睛中顯露無遺，那個執著是她對兒子僅存的希望，然而母親眼角的憂傷擦也擦不掉。

他心中當然明白，在孤立無援時，會義無反顧陪在他身邊的只有母親。

「你不會懂的，我也不想一直這樣呀。」黃書仁在心中吶喊著，已經跟魔鬼打了交道，很難脫身。

「你怎麼忍心讓媽媽一次又一次失望？天底下找不到像你這樣的不孝子。」兄弟姐妹全部跳出來罵他，而他當公務員的姐姐甚至決定要和他脫離關係，因為覺得弟弟老是這樣，讓她很丟臉。

家人對他沒辦法，連他自己也對自己沒轍。「人在江湖，身不由己」，就是這種感覺，怎樣都脫不了身，一切是自找的，絕對怨不得人，因為並沒有人逼他。他常覺得自己陷在困境中，很衝突，走非法的路，錢賺得容易，而合法的工作他根本很難找得到，也不容易適應，才會一直重蹈覆轍。

不過，他慢慢注意到，江湖路也很難行。

每次被關出來，他都會想，換個方向，重新開始吧，但最後朋友喝酒牽一牽又回到原來的地方。他記得有一次他是真的想洗心革面，跑去醬油公司當業務，跑得認真，成績亮眼，但是當公司主管發現他曾經被關過，馬上叫他不用再來上班了，那次讓他很受傷。

第一趟進監獄，有點生澀、不適應；第二趟進監獄，已經不害怕了；第三、四趟漸漸習慣，最後一次進去，覺得感受特別多，內心矛盾，五味雜陳，做錯事畢竟是要還的。

追債不成鑄成大錯

後來他決定去做工程，因為哥哥也在做那一行，還有一些人脈可以用，他本身技術也算專業。剛開始生意還不錯，幾個外面混的兄弟也跟著他做，但有一次快過年了，廠商欠他們的百萬工程款跳票。那時大家都準備過年，他的員工也一樣在等著年終獎金，他們一夥人越想越生氣，越想越覺不對，那位老闆過得那麼好，住豪宅、開名車，有錢卻故意裝窮不還錢，幾個人黃湯下肚，嚷著要過去找那位老闆理論。

他們直接就殺去老闆家想堵人，但是沒堵到，卻遇到他還在念國小的女兒，於是他們動心起念把女兒帶走，本來只想給那個老闆一點顏色瞧瞧，沒想到對方即刻報警，黃書仁當下成了「擄人勒索」案的幕後主嫌。其實他們並非蓄意，只想嚇唬對方，請欠錢老闆還錢，沒想到事情發展成那樣。最擔心的事發生了，但傷害已造成，無法挽救，他和另外兩人一起被警方逮捕，而且因為這個擄人案件被判了九年重刑。

這次的入監，是個超級大浪，他的世界再被淹沒。那時他母親隨著妹妹移民到美國，對他又被抓進去關這件事完全不知道，直到關了好一陣子才得知。母親在電話那頭哭哭啼啼，黃書仁則安慰母親：「這次關的是補上次沒關完的啦，不會被關太久。」

期望黎明能再來

監獄生活，跟外面生活一樣，有階級，也有許多潛規則，要好好生存下去，並不容易，他就吃過幾次悶虧，以莫須有的罪名被誣陷。不過因為個性的關係，黃書仁與其他獄友和監獄長官的關係都維持得不錯，不算被禮遇，但至少沒被太刁難，後來他從臺北移監宜蘭，還打破了在監獄工場內不同派系間的隔閡，讓大家平安相處。

在監所內每一單位都有工場，如一工、二工、三工等，每個工場都有一位最基層的管理員來負責人犯的管理、作業、環境維護、生活作息等。但是各單位人犯的人數有的多達上百人，因此會在人犯中挑選幾位「自治員」，協助主管處理日常例行工作。黃書仁因為人緣不錯、協調能力佳，經常擔任自治員，即使他移監到宜蘭監獄，也被指派為自治員。那時他待的第五工場，有分宜蘭派、臺北派，兩派水火不容，因為臺北派覺得宜蘭派仗著在自己的地盤欺壓人，而宜蘭派也看不得臺北人的傲慢，但是他找到了機會，好好溝通。

「我們大家能在這邊碰頭，也算結緣，為什麼還要分什麼彼此，好好相處不是很好嗎？爭個你死我活，最後倒楣的還是自己。」他用緩慢低沉的聲音講出內心感慨，終於化解兩派心結，大家後來和平共處。

因為常常在溝通協調犯人間的事情，他漸漸明瞭一些道理：「我發現自己的心境隨著年齡的成長變得成熟，以前到底有什麼好爭的？爭來鬥去也只是大家都遍體鱗傷，這樣值得嗎？」他以前最愛幫人打抱不平，看不慣就替人出氣，結果換得的只有牢獄，只為出一口氣就去傷人、殺人，帶給雙方的都只有傷害。

在快出獄的某一晚，他蹲在囚房中想了一整晚，以前被關過那麼多次，他都隨興到底，從不想未來，出來玩的本來就從不去想明天的事，因為根本不知道有沒有明天呀！但是，那一晚，他輾轉反側，想了又想，混了一輩子黑道，什麼也沒得到，只換到世人的唾棄和母親的眼淚，這樣有何意義？他突然累了，覺得以前自己的衝撞，只是為了心中的憤恨與怒氣，但是留下的只有滿身傷痕。

「難道我還要繼續過那種不知明天在哪裡的江湖人生嗎？這樣值得嗎？我還能有多少人生可以過？」他想仔細思考出去以後的路該如何走。

牆外的世界會用什麼面貌等待他，他不知道，他還是會恐懼，害怕自己會跟以前一樣，走回老路，而且一定會越走越糟。但是，如果他有心想改變呢？如果這次出去以後，能重新開始，丟掉過去，會不會有不同的結果？

他想停下腳步，重新審視人生的方向，想給自己一次機會，整理自我、規畫未來。要再出發，這遲來的第二人生，不知有沒有希望？穿越了一段黑暗、漫長、曲折的監獄之路，他決心要迎接不同以往的「第二人生」。

汗水、陽光、新希望

出去後，他籌了點錢，他的三嫂還拿私房錢借給他。

「你這次有下定決心要好好做嗎？有，我才要幫你。」三嫂一直對他不錯。

然後，他也跟臺灣更生保護會申請創業貸款，開了「滿億工程行」，從最小的案子接起，不過考驗卻在後頭。

有些兄弟知道他出獄，已經張開雙臂歡迎他歸隊。

黃書仁知道這些事不可能避免，有些朋友的交情還在，不可能說斷就斷。

「我一回來就有人買了賓士二八〇停在我住的地方門口，說要送給我，還設了鴻門宴，想請我出面去幫他解決一些地方上的事。」但是他拒絕了，然後跟這些朋友說：「朋友還是可以做，但這車我現在養不起，喬事情現在也沒有那能力，不如去找其他人吧！找我吃飯、聊天、喝酒都可以，但江湖事現在已經不方便理了。」

當老朋友聚在一起談江湖事，他就告訴自己，不要聽、不要管、不要參與討論，有時也會裝沒聽見，如果有人問他一些意見，他就會說：「我？你別問我啦，別再來相害，我才剛出來，你不會想看到我馬上又進去，如果這樣做就不夠意思囉！」他對他們的話題通常不會多說什麼，既然自己決定要改變，就要說到做到。

有的朋友打賭他絕對撐不到兩個月，每天都過來看他的作為，等觀察到這一次他是真的下定決心了，就跟他說：「哇，你這次真的不簡單，讓我心服口服，我看你真的改性了。但是，這樣吃苦做苦工值得嗎？這樣你是可以賺多少錢？」

黃書仁笑著答：「值得，當然值得，我現在走路都不用去看後面，看到警察也不用跑，那種感覺真的很不一樣。」然後此時他又會再一次在心裡提醒自己，一定要相信自己做得到，走得下去。

不過，有些人、有些事還是得小心避開，他幾經考慮，有些朋友的熱情邀約都以工作為由婉拒，「當大家看到我的行為真的在改變，也約不出來了，想找我回江湖的人慢慢便不來找了，關係逐漸變得疏遠。」

「是貴人，就不會跟鬼一樣把你強拉走。」

就這樣，除了真的談得來的幾個朋友，偶爾晚上一起聊聊天吃宵夜外，他現在的應酬很少，時間幾乎都耗在工作上，現在工作是全部，他努力用心做好每一個工程，賺的每一份錢都靠自己的勞力打拚。

人生敗在「義氣」兩字

黃書仁記得有一位當兵時對他很照顧的連長曾苦心勸誡他：「阿仁呀，你在外面混那麼講義氣，那麼你說說看你認為的『義氣』是什麼？」

「義氣嘛，就是兄弟有難，『拔刀相助』，有仇報仇，有恩報恩。」當時他這樣答。

「別笨了，我看是相害吧，沒完沒了，人生能有多少時間可以去浪費，勸你不要太相信兄弟、義氣什麼的吧，你把『義』這個字倒過來寫寫看。」

「就只有三個字呀，『我—王—八』。」連長笑中卻帶著嚴肅的語氣說：「江湖義氣，到頭來換這三個字，不值啦！那種狗屁東西別相信，阿仁，好好想想，趁還年輕，未來的路還很長，別讓它成為你的包袱，人生是自己的，不是兄弟朋友的，聽我一次勸，混江湖不歸路，回頭要趁早。」

這話當時黃書仁沒放在心上。但是，隨著時間流逝，卻經常不經意地浮現腦海。

回想起過去的自己，無論是混黑幫時意氣風發的自己、挺兄弟時什麼都不怕的自己，或是被關在監獄時無奈的自己，其實在他的內心常萬分矛盾，在思想、情感、道德或行為上處處掙扎。

他說，刀光劍影只靠「義氣」硬撐，天不怕地不怕後面，卻藏著軟弱、罪惡感與驚恐，生命如賭盤，自己總在絕路上狂奔，沒有盡頭。

因著自以為是的義氣而被蒙蔽，往往讓人無法做出正確的判斷或釐清事實，當深藏的劣根性被喚起，會越做越絕，難以自拔，他就是這樣子蹉跎人生。而這道理，黃書仁失去自由後，在鐵窗內的風雨呼嘯聲中才真的想清楚。

所以，他想奉勸走江湖路的人，逞一時之快講「義氣」，換得的只有無盡的「傷害」和「後悔」，別像他一樣敗在上面。

給自己開一條踏實的路

「有人問我，後不後悔走這趟江湖路，我說混都混過了，說後悔沒有什麼意義，過去不是三兩句可以省略，但畢竟都過去了，現在跟以後比較重要。」他也想幫助一些跟他一樣曾經徬徨無助的更生人，只要有心想要學技能，他都很樂於教他們，沒地方住給他們住，沒飯吃就煮飯給他們吃，用心照料他們生活。只不過他前前後後共僱用了九名更生人，卻沒有任何人留下來，無法吃苦是一回事，還有些人跑去走回頭路，吃藥買毒、混幫派的都有。有時他也會覺得很失望、很無力，「他們像是我的一面鏡子，我看到以前的我，不過也因為這樣能讓我更加警惕，提醒我不能失足。」

「碰毒的人最難回頭，我之前有個學徒，有陣子我看他眼神怪怪的，就問他是不是又去碰毒，學徒當場說沒有，但幾天後他就沒出現了。」黃書仁說他很同情他，卻無法幫他，這就是他幫那些更生人之後無奈的感嘆，以前他的父母、老師、兄弟也是如此想幫他，可是沒用，「忠言逆耳」，他就是聽不進去。

珍惜現在擁有的平淡幸福

黃書仁對於現在規律的生活甘之如飴，日子雖在忙碌的工作中一天一天過去，但無風無浪讓人安心，不會再做惡夢。他想特別感謝臺灣更生保護會的劉宗慧小姐，她總是不辭辛勞，常常來探訪他，在一旁為他加油打氣，給他很多鼓勵與建議。有時大熱天，頂著酷熱的大太陽，她還跑到工地，跟著他爬上爬下，看著她滿身大汗卻還不忘叮嚀著他，一定要注意自己和員工們工作時的人身安全，不能掉以輕心，雖只是一、兩句小小的噓寒問暖，但就讓人十分暖心。

「這些原本不認識的人，幫助我也得不到什麼好處，可是為何要對我這麼好呀？想一想臺灣更生保護會對更生人真的很用心，每次我只要有問題，請教更生保護會的劉宗慧小姐，她總會竭盡所能幫我找到我需要的答案，在管理員工或經營公司上，甚至對外接案子會牽涉到的法規問題等，她也都一再告訴我要小心謹慎，她就像一位良師益友般，如果看到我有做不好的地方，也會不客氣劈頭就罵我。」

總是羞於表達感謝之意的黃書仁，只能默默用感恩的眼神回應，因為一切感謝盡在不言中，他告訴自己，別人不求回報地在幫你，你絕對不能讓人失望。

以前黃書仁對人生是不抱任何希望的，但是現在他對未來有著希望，他想要活著有尊嚴，也希望有機會能多幫助人。

現在他的心願是：好好做人，好好做事，有空就去彰化看已經失智的老母親。這輩子永遠包容他、諒解他的只有母親，母親以前最放心不下的就是他，現在連他都不認得了。以前，母親總是在一旁耐心等待他，在監獄還寄英文ＣＤ給他，叫他要學好英文，說出來之後就跟她去美國過生活，現在他想要好好守護她，但是這樣的時間也不知還能有多久。

「人生活到這兒，高潮低潮都走過，現在我只想歸於平淡，我相信自己不會再出現在社會新聞裡，老天能當我的見證人。」黃書仁眼神堅定，但也透露出遺憾的神情，他只想下半輩子，努力靠自己的能力好好活下去，不管這世界是否公平。他相信只要有努力就一定會有收穫，他不要名利、不要賺很多錢，只要能每天睡得安穩，對得起自己的心。

他想要堅守這條遲了好久才走到的路，踏踏實實走下去，給剩下的人生不一樣的價值，現在對他而言，別具意義，他不想再當人生的過客了。

生活叢書263

預約人生下半場

作者	財團法人臺灣更生保護會
採訪撰文	高安妮
編審	財團法人臺灣更生保護會
編輯顧問	王添盛・蔡碧玉・林炳耀
編輯委員	陳傳宗・錢漢良・陳漢文・邱秀玉・嚴昌德・薛佳盈・劉宗慧
責任編輯	張晶惠
發行人	蔡澤蘋
出版	健行文化出版事業有限公司 臺北市105八德路3段12巷57弄40號 電話／02-25776564・傳真／02-25789205 郵政劃撥／0112263-4
九歌文學網	www.chiuko.com.tw
印刷	晨捷印製股份有限公司
法律顧問	龍躍天律師・蕭雄淋律師・董安丹律師
發行	九歌出版社有限公司 臺北市105八德路3段12巷57弄40號 電話／02-25776564・傳真／02-25789205
初版	2015（民國104）年8月
定價	250元

書號　0203263

ISBN　978-986-91923-1-6

國家圖書館出版品預行編目資料

預約人生下半場 / 財團法人臺灣更生保護會
著. 高安妮採訪撰文-- 初版. -- 臺北市 : 健
行文化出版 : 九歌發行, 民104.08
面；　公分. --（生活叢書 ; 263）

ISBN 978-986-91923-1-6（平裝）

1. 更生保護　2. 通俗作品

548.78　　104011998